BEI GRIN MACHT SIC
WISSEN BEZAHLT

- Wir veröffentlichen Ihre Hausarbeit,
  Bachelor- und Masterarbeit

- Ihr eigenes eBook und Buch -
  weltweit in allen wichtigen Shops

- Verdienen Sie an jedem Verkauf

Jetzt bei www.GRIN.com hochladen
und kostenlos publizieren

Melanie Freda

Erfolgsfaktoren der CEO-Kommunikation

GRIN Verlag

Bibliografische Information der Deutschen Nationalbibliothek:

Die Deutsche Bibliothek verzeichnet diese Publikation in der Deutschen National-
bibliografie; detaillierte bibliografische Daten sind im Internet über http://dnb.d-
nb.de/ abrufbar.

Dieses Werk sowie alle darin enthaltenen einzelnen Beiträge und Abbildungen
sind urheberrechtlich geschützt. Jede Verwertung, die nicht ausdrücklich vom
Urheberrechtsschutz zugelassen ist, bedarf der vorherigen Zustimmung des Verla-
ges. Das gilt insbesondere für Vervielfältigungen, Bearbeitungen, Übersetzungen,
Mikroverfilmungen, Auswertungen durch Datenbanken und für die Einspeicherung
und Verarbeitung in elektronische Systeme. Alle Rechte, auch die des auszugsweisen
Nachdrucks, der fotomechanischen Wiedergabe (einschließlich Mikrokopie) sowie
der Auswertung durch Datenbanken oder ähnliche Einrichtungen, vorbehalten.

Impressum:

Copyright © 2006 GRIN Verlag GmbH
Druck und Bindung: Books on Demand GmbH, Norderstedt Germany
ISBN: 978-3-638-78794-9

Dieses Buch bei GRIN:

http://www.grin.com/de/e-book/77570/erfolgsfaktoren-der-ceo-kommunikation

Erfolgsfaktoren der CEO-Kommunikation

DIPLOMARBEIT

im Studiengang Aussenwirtschaft (International Business)

des Fachbereichs III: Wirtschaftswissenschaften

der Fachhochschule Mainz

Vorgelegt von: Melanie Freda

Eingereicht am: 13.09.2006

Eidesstattliche Erklärung

Hiermit erkläre ich an Eides Statt, dass ich die vorliegende Diplomarbeit

„Erfolgsfaktoren der CEO-Kommunikation"

selbständig und ohne fremde Hilfe angefertigt habe. Ich habe dabei nur die in der Arbeit angegebenen Quellen und Hilfsmittel benutzt.

_____   _____
Ort / Datum   Unterschrift

Inhaltsverzeichnis

III

Abkürzungsverzeichnis

Abb.	Abbildung
bzw.	beziehungsweise
ca.	circa
CEO	Chief Executive Officer
CRO	Chief Reputation Officer
d. h.	das heißt
Ders.	Derselbe
Dies.	Dieselbe
Dr.	Doktor
etc.	et cetera
EVA	Economic Value Added
ff.	folgende
FH	Fachhochschule
Hrsg.	Herausgeber
inkl.	inklusive
IR	Investor Relations
PR	Public Relations
Prof.	Professor
ROI	Return on Investment
S.	Seite
Sek.	Sekunde
u. a.	und andere
usw.	und so weiter
Vgl.	Vergleiche
z. B.	zum Beispiel

Abbildungsverzeichnis

I   Einführung in die Thematik der CEO-Kommunikation

1.   Einleitung, Aufbau und Zielsetzung

1.1   Status Quo – CEO-Kommunikation, eine neue Kommunikations-disziplin

Bis Vorstandsvorsitzende an der Unternehmensspitze angekommen sind, haben sie viele Machtkämpfe gewonnen. Oben angekommen sind sie jedoch eisigen Winden ausgesetzt, denen nicht alle standhalten. Nach einer aktuellen Studie von Booz Allen Hamilton wird jedes Jahr bei 15,3 Prozent der Unternehmen die Spitze ausgetauscht.[1] Die durchschnittliche Verweildauer von Vorständen ist in den vergangenen Jahren kontinuier-lich gesunken.[2] Gleichzeitig wird einem neuen CEO gerade mal ein Zeitfenster von 15 Monaten gegeben, um sich zu bewähren.[3] Der Grund für diese Entwicklungen liegt auch in der stetig wachsenden Komplexität von Führungsaufgaben. Das Anforderungs-profil an Vorstandsvorsitzende ist anspruchsvoller geworden.[4]

Unternehmensleiter müssen heute nicht mehr nur den Anforderungen der Shareholder an Gewinnmaximierung gerecht werden. In Zeiten globalisierter Wirtschaftsmärkte, gesell-schaftlichen Wandels und einer sich immer schneller verändernden Umwelt bilden sich Stakeholder[5] zunehmend ihre Meinung über das Unternehmen, indem sie an die Spitze schauen - dabei unterstützt von Massenmedien[6] und Internet, das heute für weltweite Transparenz in Echtzeit sorgt. Vorbei ist die Zeit, als Vorstandsvorsitzende lediglich für eine gute Unternehmensleistung verantwortlich waren. Heute sind sie auch mitverantwort-lich für die Meinung der Stakeholder über das Unternehmen. Es verwundert daher nicht, dass mittlerweile 54 Prozent der Senior Executives angeben, kein Interesse an der Stelle des CEO zu haben.[7] Die hohe Vergütung und das öffentliche Ansehen sind offensichtlich „nur bedingt in der Lage, die labile Verankerung der Position unter dem Brennglas der Öffentlichkeit sowie der Anleger, Analysten und anderer Stakeholder aufzuwiegen".[8] Vor-standsvorsitzende bewegen sich an der Unternehmensspitze gezwungenermaßen auf einer öffentlichen Bühne. Sie verkörpern die Unternehmensmarke, geben dem Unterneh-

---

[1]   Vgl. Booz Allen Hamilton (2006), S. 3.
[2]   Vgl. Booz Allen Hamilton (2005).
[3]   Vgl. Gaines-Ross (2006), S. 64.
[4]   Vgl. Becker / Müller (2004), S. 5.
[5]   Definition siehe Anhang I.
[6]   Definition siehe Anhang I.
[7]   Vgl. Heinisch (2006), S. 254.
[8]   Heinisch (2006), S. 254.

1

men ein Gesicht und müssen Geschäftsentscheidungen öffentlich begründen, da sie unter ständigem Rechfertigungsdruck stehen. Um diesen neuen Anforderungen gerecht zu werden, muss Öffentlichkeitsarbeit[9] zur Chefsache werden. Die Personifizierung des Unternehmensleiters wird heute wertrelevant.[10] Und „öffentlichkeitsscheu" ist somit eine jener Negativ-Eigenschaften, die „den Ausschluss aus der ersten Liga bedeuten kann".[11]

Es scheinen vor allem zwei Entwicklungen zu sein, die zu einem Bedeutungszuwachs in der CEO-Kommunikation[12] geführt haben. Einerseits erfahren Vorstandsvorsitzende durch die Bedingungen der Mediengesellschaft immer mehr Beachtung im Rahmen der Unternehmenskommunikation.[13] Die Medien[14] rücken den Unternehmensleiter zunehmend in den Mittelpunkt der Berichterstattung: Personalisierung ist ein Schlüsselfaktor in einer medienbeherrschten Gesellschaft. Nur über die Medien können ständig alle Stakeholder erreicht werden. Unternehmen sind deshalb auf die Aufmerksamkeit der Medien angewiesen. Doch vor allem im Hinblick auf die Personalisierungstendenzen in der Berichterstattung gelangt der CEO als „Macher" des Unternehmenserfolgs (oder Misserfolgs) in die Medien. Wie gut oder schlecht ein Unternehmen von den Stakeholdern bewertet wird, hängt daher oftmals von der Wahrnehmung des CEO ab. Und andererseits nimmt der Vorstandsvorsitzende eine immer wichtigere Rolle in der Unternehmenskommunikation ein, da er scheinbar den Unternehmenswert beeinflusst. Eine Vielzahl von Studien weist auf den hohen Einfluss des CEO-Images[15] auf das Unternehmensimage hin.[16] Ein CEO sollte deshalb nach Gaines-Ross schnell und strategisch an seiner Reputation[17] arbeiten.[18] Durch seine Kommunikation[19] kann er Reputationskapital bei den Stakeholdern aufbauen und dadurch das Unternehmensimage positiv beeinflussen. So kann er möglicherweise auch dem „Damoklesschwert des Jobverlusts" entgehen, das jeder Aufsichtsrat heute offensichtlich über dem Kopf seines Vorstandsvorsitzenden schweben lässt.[20]

---

[9]   Definition siehe Anhang I.
[10] Vgl. Wachtel (2004a), S. 10.
[11] Wachtel (2004a), S. 10.
[12] Es werden dem Begriff CEO alle führenden Unternehmensrepräsentanten zugeordnet. Darunter fallen all jene Personen, die in einem Unternehmen eine leitende Position innehaben, wie z. B. der Vorstandsvorsitzende, der Vorstandssprecher, der leitende Geschäftsführer, der Vorsitzende der Geschäftsführung oder der leitende Manager im Unternehmen.
[13] Definition siehe Anhang I.
[14] Definition siehe Anhang I.
[15] Definition siehe Anhang I.
[16] Vgl. exemplarisch CEO-Studien von Burson-Marsteller (2001/2004), Publicis Sasserath (2004), Institut für Demoskopie Allensbach (2005), Freie Universität Berlin (2005) und Hill & Knowlton (2006).
[17] Definition siehe Anhang I.
[18] Vgl. Gaines-Ross (2006), S. 64.
[19] Definition siehe Anhang I.
[20] Vgl. Gaines-Ross (2006), S. 64.

Insofern lässt sich zugespitzt sagen: Führungsaufgaben werden immer mehr zu Kommunikationsaufgaben. Es geht nicht nur darum, eine unternehmerische Leistung zu erbringen, sondern auch darum, Stakeholder zu überzeugen und strategische wie operative Unternehmensziele glaubwürdig und überzeugend zu vermitteln.[21] Die CEO-Kommunikation bezieht sich daher auf weit mehr als die Inszenierung des Medienauftritts und einige „zugeflüsterte Floskeln" für die Presse. Sicherlich ist die Inszenierung des Medienauftritts wichtig, sodass der Chef nicht zum „peinlichen Chef"[22] wird. Dennoch darf die CEO-Kommunikation nicht mit einer reinen Inszenierung des Auftritts gleichgesetzt werden. Es ist weit mehr „als der perfekte Sitz der Krawatte beim Pressetermin, mehr als schauspielerische Fähigkeiten eines Vorstandsvorsitzenden".[23] Die CEO-Kommunikation umfasst jegliche interne wie externe Kommunikationsaktivität der obersten Managementebene und wird immer mehr zu einer abgrenzbaren Kommunikationsfunktion innerhalb der Unternehmenskommunikation, die sich „zunehmend ausdifferenziert und funktional abgrenzen lässt".[24] Diese Abgrenzung ist dringend notwendig, denn um erfolgreich zu sein muss der CEO-Kommunikation eine Strategie zuteil werden. Nur auf diese Weise kann sie - wie die anderen Kommunikationsmaßnahmen[25] des Unternehmens auch - wirkungsvoll geplant und gesteuert werden.

Es wurden in den vergangenen Jahren einige Modelle zum Management der CEO-Reputation und Strategien zur Positionierung des Unternehmensleiters entwickelt. Die Modelle weisen auf die Bedeutung der CEO-Kommunikation hin und versuchen ein systematisches Management der Reputation bzw. Kommunikation zu ermöglichen.[26] In keinem dieser Ansätze wird jedoch genauer erklärt, welche Faktoren für eine erfolgreiche Kommunikation des Vorstandsvorsitzenden von Bedeutung sind. So weist auch Richmond darauf hin, dass die meisten CEOs heute die Notwendigkeit erkannt haben, mit allen wichtigen Stakeholdergruppen zu kommunizieren. Ihre Fähigkeit, dies erfolgreich zu tun, unterscheidet sich trotzdem erheblich.[27] Was aber bedeutet „dies erfolgreich zu tun"? Es werden zwar in einigen Studien und Büchern zum Thema einzelne Faktoren genannt, die eine Rolle in der CEO-Kommunikation spielen könnten - einen fundierten vollständigen

---

[21] Vgl. Haver (2003), S. 96.
[22] Schmalholz (2004).
[23] Preusker (2003), S. 110.
[24] Zerfaß / Sandhu (2005), S. 2.
[25] Definition siehe Anhang I.
[26] Exemplarisch anzuführen ist hierbei das Konzept des CEO-Kapitals, das die CEO-Reputation als Vermögenswert ansieht und daher für einen strategischen Aufbau der CEO-Reputation argumentiert. Vgl. Gaines-Ross (2003), S. 1 ff. Andere Modelle versuchen Strategien des Markenmanagements auf den CEO zu übertragen und sehen den CEO daher auch als Marke an, der neben der Unternehmensmarke strategisch aufgebaut werden sollte. Vgl. Casanova (2004), S. 55 ff.
[27] Vgl. Richmond (2002), S. 56.

3

Überblick der Erfolgsfaktoren bleiben fast alle Werke schuldig. Es ist jedoch fraglich, wie eine Strategie erfolgreich umgesetzt werden kann, wenn nicht klar ist, welche Faktoren in dieser Strategie berücksichtigt werden sollen. Sollte der CEO bekannt sein oder sich besser als stiller Macher in den Hintergrund stellen? Soll der CEO zum Medienstar werden und das Publikum „unterhalten"? Was sind die Erfolgsfaktoren der CEO-Kommunikation?

Nach Durchsicht der einschlägigen Literatur zeigt sich: Es fehlen diejenigen Bausteine, die ein Gesamtbild ergeben und den Aufbau einer Strategie für die CEO-Kommunikation überhaupt erst ermöglichen. Denn vor der Entwicklung einer Strategie muss klar sein, was erfolgreiche Kommunikation an der Unternehmensspitze ausmacht. Es ist in den derzeitigen Modellen und Konzepten erkannt worden, dass die Kommunikation des Unternehmensleiters eine Strategie benötigt, da sie für den Unternehmenswert von großer Bedeutung ist. Allerdings sind diese Modelle mit dem Bau eines Hauses vergleichbar: das Dach wurde entwickelt, aber das tragende Fundament fehlt noch. Um ein stabiles Haus zu bauen, bedarf es der Bausteine, die ein Fundament ergeben - der Erfolgsfaktoren, die eine Strategie für die CEO-Kommunikation tragen können. Diese Bausteine, die Erfolgsfaktoren der CEO-Kommunikation, sollen im Rahmen dieser Arbeit identifiziert werden.

1.2 Methodischer Aufbau und Zielsetzung

Das Ziel der Arbeit ist es, die Erfolgsfaktoren der CEO-Kommunikation zu identifizieren. Als Grundlage hierfür soll im zweiten Teil der Arbeit (II) zunächst den Gründen genauer nachgegangen werden, die dazu geführt haben, dass die CEO-Kommunikation heute einen höheren Stellenwert einnimmt. Wer sich heute mit öffentlicher Kommunikation beschäftigt – z. B. der von Vorstandsvorsitzenden – muss sich zunächst einmal über Einfluss, Arbeitsweise und Regeln der Medien klar werden. Dazu dient das zweite Kapitel der Arbeit (2.). Es soll ein Grundverständnis für die Mediengesellschaft entwickelt werden, um darauf aufbauend die Auswirkungen der medialen Veränderungen für Unternehmen und Unternehmensleitung zu thematisieren. Im dritten Kapitel der Arbeit (3.) sollen die Gründe für den Bedeutungszuwachs in der CEO-Kommunikation aus Perspektive der Unternehmen untersucht werden. Wenn Unternehmen der CEO-Kommunikation mehr Beachtung schenken, dann tun sie das nicht zuletzt in der Annahme dadurch einen Wertbeitrag für das Unternehmen zu leisten. Es soll auf den Einfluss des Vorstandsvorsitzenden auf das Unternehmensimage eingegangen werden. Und es soll der Frage nachgegangen werden, welche Rolle die CEO heute in der Unternehmenskommunikation spielt – oder spielen sollte.

4

Nachdem die Gründe für den Bedeutungszuwachs in der CEO-Kommunikation erläutert wurden, sollen im dritten Teil der Arbeit (III) die Erfolgsfaktoren identifiziert werden. Zunächst wird im vierten Kapitel (4.) die Vorgehensweise der Untersuchung der Erfolgsfaktoren genauer erläutert. Daraufhin wird die Befragung zur CEO-Kommunikation vorgestellt, die bei der Analyse der Erfolgsfaktoren unterstützen soll. Im fünften Kapitel (5.) werden dann die Erfolgsfaktoren der CEO-Kommunikation systematisch analysiert. Aufbauend auf den Ergebnissen soll im vierten Teil der Arbeit (IV) ein Strategisches Modell der CEO-Kommunikation entwickelt werden. Die Arbeit schließt mit einem Ausblick in die Zukunft und der Determinierung eines Handlungsbedarfs für die Kommunikationsdisziplin ab.

Zunächst soll nicht zwischen verschiedenen Branchen, Unternehmensgrößen oder -formen unterschieden werden. Es ist anzunehmen, dass die Unternehmenskommunikation und damit auch die CEO-Kommunikation in einem multinationalen, börsennotierten Konzern eine etwas wichtigere Rolle spielen könnte als in einem mittelständischen Familienunternehmen. Die vorgestellten Grundlagen und Konzepte gelten jedoch grundsätzlich für alle wirtschaftlichen Akteure - wenn auch unterschiedlich akzentuiert.

Die Ergebnisse der Befragung zur CEO-Kommunikation sowie der Fragebogen sind dieser Arbeit in einem separaten Materialienband beigefügt. In diesem Materialienband sind auch die Ergebnisse anderer CEO-Studien zu finden, mit denen im Rahmen dieser Arbeit häufig gearbeitet wurde.

II Bedeutungszuwachs in der CEO-Kommunikation

2. Die Mediengesellschaft und ihre Folgen für Unternehmen

2.1 Die Macht der Medien

„Die Medien können erstaunliche Dinge bewirken. Sie können Politiker zu Fall bringen, Kriege gewinnen, Firmen große Probleme schaffen."[28]

Medien besitzen eine machtvolle Position, denn sie können Menschen dazu bringen der verbreiteten Information Glauben zu schenken.[29] Der Alltag in der heutigen Gesellschaft wird zunehmend von Medienereignissen und Mediennutzung geprägt.[30] Deshalb haben sich die „Massenmedien in den vergangenen Jahrzehnten zu Schaltzentralen der Meinungs- und Willensbildung moderner Gesellschaften entwickelt".[31] Nach Erhebungen der Langzeitstudie Massenkommunikation verbrachte jeder Bundesbürger im Jahr 2005 täglich 600 Minuten (= 10 Stunden) mit Medienkonsum - im Jahr 1980 waren es noch 346 Minuten.[32] Die Mediennutzung hat sich also in den letzten 25 Jahren beinahe verdoppelt. Noch deutlicher wird die Expansion der Mediennutzung, wenn man den Anstieg seit 2000 betrachtet: In nur fünf Jahren ist die Mediennutzung um anderthalb Stunden pro Tag gestiegen.[33] Die Medien sind offenkundig ins Zentrum des Geschehens gerückt, „das sich ohne ihre Existenz vielfach überhaupt nicht ereignen würde."[34]

Wahlkämpfe der Politiker werden im Fernsehen inszeniert, Unternehmen publizieren Mitarbeiter- und Kundenzeitschriften und Vorstandsvorsitzende schreiben Weblogs. Da Medien den sozialen Modus der gesellschaftlichen Kommunikation heute wesentlich bestimmen, wird von einer Mediengesellschaft gesprochen.[35] Die Mediengesellschaft bezieht sich auf die Tatsache, dass „Medien als Organisationen Struktur, Inhalt und Prozess der öffentlichen Kommunikation weitgehend bestimmen".[36] Saxer umschreibt die Mediengesellschaft als jene modernen Gesellschaften, in denen Medienkommunikation zu einem sozialen Totalphänomen geworden ist, das eine „allgegenwärtige und alle Sphären des

---

[28]   Frey (2001), S. 142.
[29]   Vgl. Frey (2001), S. 142.
[30]   Vgl. Jäckel (2005), S. 19.
[31]   Kepplinger (1992), S. 7.
[32]   Vgl. Eimeren / Ridder (2005), S. 501.
[33]   Vgl. Eimeren / Ridder (2005), S. 501.
[34]   Kepplinger (1992), S. 9.
[35]   Vgl. Jarren (2004), S. 2.
[36]   Jarren (2003), S. 13.

gesellschaftlichen Seins durchwirkende Prägekraft entfaltet".[37] Die Mediengesellschaft betont die zunehmende Bedeutung der Medien in der öffentlichen Kommunikation.

Die machtvolle Position der Medien ist auf den Wandel des Mediensystems in den vergangenen Jahrzehnten zurückzuführen. Die starke quantitative sowie qualitative Ausbreitung der Medien hat dazu geführt, dass sich das Mediensystem als dominierendes Teilsystem innerhalb der Gesellschaft entwickelt hat.[38] Aus diesem Grund haben Medien einen großen Einfluss auf das Zustandekommen der öffentlichen Meinung.[39] Sie erreichen hohe Beachtungs- und Nutzungswerte und genießen die Aufmerksamkeit und Anerkennung der gesamten Gesellschaft.[40] Doch die Ausweitung des Angebots traditioneller Massenmedien[41] sowie das Entstehen neuer Medienformen wie Spartenkanäle, Zielgruppenzeitschriften und Netzmedien, bedeutet zunächst einmal eine Vervielfachung der Kanal-Kapazitäten.[42] Gleichzeitig führt die Ausbreitung und Ausdifferenzierung des Medienangebotes zur Fragmentierung und zu einem ausdifferenzierten Nutzungsverhalten des Publikums.[43] Daher wird es für Unternehmen immer schwieriger Zielgruppen[44] und Stakeholder zu erreichen. Die Vermittlungsleistung und -geschwindigkeit nimmt immer mehr zu und Medien durchdringen dadurch alle gesellschaftlichen Bereiche immer „stärker und engmaschiger".[45] Es herrscht eine Inflation der Botschaften in den Medien. Das bewirkt vor allem eine Überbelastung an Informationen bei den Rezipienten. Klassische Instrumente der Imagepflege wie z. B. Werbung stoßen deshalb an ihre Grenzen.[46] Durch die Informationsüberbelastung werden Inszenierungsstrategien für Unternehmen wie Management wichtiger, da Aufmerksamkeit und Image nach wie vor als Grundlage für materielle sowie immaterielle Erfolge gelten.[47] Aber gerade die gezielte Aufmerksamkeit für die eigenen Botschaften kann nicht mehr wie in der Vergangenheit erbracht werden.

Die Ausbreitung des Medienangebots hat auch zu einer Ökonomisierung der Medien geführt, was qualitative Veränderungen im Programmteil nach sich gezogen hat. Die Ökonomisierung der Medien bezieht sich auf die Tatsache, dass ökonomische Ziele gegen-

---

[37] Saxer (1998), S. 53.
[38] Vgl. Merten (1999), S. 13.
[39] Vgl. Brosius (2003), S. 144.
[40] Vgl. Jarren (2001), S. 11.
[41] Während es 1975 noch 223 IVW-geprüfte Publikumszeitschriften mit einer Auflage von 69,7 Millionen gab, waren es 2001 bereits 845 mit einer Auflage von 129,7 Millionen. 1975 gab es 658 IVW-geprüfte Fachzeitschriften, im Jahr 2001 waren es schon 1094. Vgl. Media Perspektiven (2001). Hinzu kommen im Jahr 2004 mehr als 150 TV-Sender und mehr als 300 Hörfunkprogramme.
[42] Vgl. Sarcinelli / Schatz (2002), S. 13.
[43] Vgl. Hasebrink (2003), S. 122.
[44] Definition siehe Anhang I.
[45] Jarren (2001), S. 11.
[46] Vgl. Langen / Fischer (2001), S. 11.
[47] Vgl. Piwinger / Ebert (2001), S. 1.

über publizistischen Zielen vorrangig gelten.[48] Marktorientierung und Kommerzialisierung sind für Medienunternehmen wichtiger geworden.[49] Nur wenn sie hohe Kontaktdaten zwischen Rezipienten und Werbenden herstellen, können Zielvorgaben von Wirtschaftlichkeit, Effizienz und Profitmaximierung erreicht werden.[50] Die Medienunternehmen agieren publikumsorientierter, da Einschaltquote und Reichweite zu einem zentralen Maßstab geworden sind. Themen werden so aufbereitet, dass sie ein breites Publikum ansprechen, sprich: unterhalten. Schließlich sorgen Unterhaltung, Skandalisierung und Übertreibung für höhere Einschaltquoten.[51] Medienkritisch werden für die Publikumsorientierung und darauf abgestimmte Themenselektion und -aufbereitung oft Schlagworte wie „Entertainisierung", „Boulevardisierung" und „Infotainment" genannt.[52] Die kommerzialisierten Medienunternehmen haben ihre eigenen Selektionskriterien entwickelt, die darauf ausgerichtet sind die Aufmerksamkeit eines möglichst großen Publikums zu erreichen. Aus diesem Grund geben die Medien heute scheinbar kein reales Bild der Wirklichkeit mehr ab, sondern verzerren die Wirklichkeit.[53] Die Öffentlichkeit nimmt dieses verzerrte Bild als Wirklichkeit wahr. Aufgrund der Bedeutung des Images für den Unternehmenserfolg müssen gerade Unternehmen verstärkt versuchen auf ihr Bild in den Medien Einfluss zu nehmen.

Die starke Ausbreitung und die Ökonomisierung der Medien sind zwei Prozesse, die eng miteinander verbunden sind und nicht folgenlos bleiben für gesellschaftliche Akteure. Die Arbeitsabläufe in den Medien, der Einfluss der Medien, die Medieninhalte und auch die Medienakteure haben sich gründlich verändert.[54] Die Macht der Medien bedeutet, dass Aufmerksamkeit über Medien generiert und gesteuert und die wahrgenommene Wirklichkeit über Medien konstruiert und vermittelt wird. Unter den Bedingungen der Mediengesellschaft lassen einerseits die Chancen nach für die eigenen Botschaften Aufmerksamkeit zu erzeugen und andererseits wird es immer wichtiger auf die Konstruktion des Bildes, das die Öffentlichkeit wahrnimmt, Einfluss zu nehmen. Für Akteure aus Politik und Wirtschaft bedeutet es den Zwang, sich an die Regeln des Mediensystems anzupassen.

---

[48] Vgl. Altmeppen (2006), S. 208.
[49] Vgl. Sarcinelli / Schatz (2002), S. 13.
[50] Vgl. Altmeppen (1994), S. 98.
[51] So weist auch Schmidt-Deguelle darauf hin, dass der Wahrheitsgehalt in den Medien relativ unwichtig geworden ist, denn die zunehmende Konkurrenz der Medien verlangt nach Schlagzeilen. Vgl. Schmidt-Deguelle (2003), S. 64 ff.
[52] In diesen drei Begriffen schwingt die These mit, dass Information und Unterhaltung in den Medien zunehmend verschmelzen. Vgl. Tenscher / Neumann-Braun (2005), S. 106 ff.
[53] Vgl. Bonfadelli (2003), S. 85.
[54] Vgl. Wolff (1999), S. 23.

2.2 Wahrnehmung von Unternehmen und Unternehmensleitung mittels Medien

Unternehmen werden heute von den Medien immer stärker thematisiert und von den Stakeholdern immer folgenreicher über Medien wahrgenommen. Die eigenen Selektionskriterien und Interpretationslogiken des Mediensystems führen jedoch nicht nur zu einer *stärkeren*, sondern auch zu einer *veränderten* Wahrnehmung von Unternehmen in den Medien.

2.2.1 Popularisierung von Wirtschaftsthemen

Es lässt sich zunächst eine quantitative Veränderung in der Medienberichterstattung über das Teilsystem Wirtschaft erkennen. Wirtschaftsberichterstattung ist populär geworden. Wirtschaftsthemen richten sich nicht mehr nur an ein Fachpublikum. Sie sind „längst aus den Fachmedien und Ressorts in alle Bereiche der Berichterstattung vorgedrungen".[55] Heute befassen sich Boulevardzeitungen, Anlegermagazine, Fernsehsendungen und selbst Modezeitschriften mit Wirtschaftsthemen.[56] Seit den 1990er Jahren wird dem Teilsystem Wirtschaft mehr Aufmerksamkeit zugewendet, was sich nicht zuletzt in der Zunahme und Ausdifferenzierung der Wirtschaftspublizistik erkennen lässt.[57] Zudem hat das neu erwachte Interesse der breiten Öffentlichkeit an Aktien den Unternehmensberichten größere Aufmerksamkeit gebracht. Die Unternehmensberichterstattung insgesamt wurde ausgeweitet. So agieren Unternehmen heute in einer öffentlichen Arena, in der andere die „Tribünenplätze" besetzen und das Unternehmen beobachten und bewerten.[58] Vorbei ist die Zeit, als sie ohne große öffentliche Beachtung agieren konnten. Unternehmen besitzen nicht mehr privat-autonomen Status, sondern sind eine öffentliche Institution, „die auf Wünsche und Forderungen gesellschaftlicher Gruppen einzugehen hat und den Bereich privat-autonomer Entscheidungs- und Gestaltungsfreiheit verläßt".[59] Die steigende Mediennutzung und Ausweitung der Wirtschaftspublizistik führen dazu, dass Unter-

---

[55] Mast (1999), S. 283.
[56] Vgl. Dunsch (2000), S. 436. Dabei ist auch ein Trend von den reinen Wirtschaftsinformationen zu verbraucherorientierten Service zu verzeichnen. Wirtschaftsberichterstattung ist zu einem Querschnittsthema geworden, das sich in alle Ressorts ausweitet. Als Beispiel sind z. B. klassische Wirtschaftsmagazine im Fernsehen wie „Wiso" zu nennen. Vgl. Mast (1999), S. 283 ff.
[57] Vgl. Eisenegger / Vonwil (2004), S. 77. Zwischen 1999 und 2001 kamen mit neue Börsenmagazine auf den Markt, darunter z. B. Focus Money und Die Telebörse. Anleger- und Wirtschaftsmagazine erfuhren enorme Auflagensteigerungen. Bloomberg brachte einen TV-Sender heraus, der nur über Wirtschaft und die Börse berichtete. Vgl. Brandstätter (2006), S. 34.
[58] Vgl. Kirf (2002), S. 35.
[59] Derieth (1995), S. 119.

9

nehmen in ihrer öffentlichen Exponiertheit mehr Aufmerksamkeit erfahren.[60] Diese Entwicklung ist nach Eisenegger / Künstle bereits so weit fortgeschritten, dass selbst Mitarbeiter ihr Bild vom eigenen Unternehmen mittels Medien formen.[61]

2.2.2 Personalisierung der Berichterstattung

Neben der quantitativen Veränderung ist auch eine qualitative Veränderung der Wirtschaftsberichterstattung zu beobachten. Journalisten greifen „angesichts der täglichen Lawinen an Informationen, Zahlen, Daten und Details" mehr und mehr zur Personalisierung der Berichterstattung.[62] Nicht nur Unternehmen als Ganzes, sondern auch die Unternehmensleitung im Besonderen befindet sich heute im Fokus der Medien. Der Nachrichtenfaktor[63] „Personalisierung" spielt in allen Medien eine immer wichtigere Rolle.[64] Die Logik der Medien ist einfach: „Je stärker ein Ereignis personalisiert ist, d. h. sich im Handeln oder im Schicksal von Personen darstellt, desto eher wird es zur Nachricht".[65] Nachrichten und vor allem die oftmals komplexen Wirtschaftsthemen werden durch die Personalisierung leichter rezipierbar. Für Wirtschaftsredaktionen erweist sie sich deshalb als geeignetes Mittel „um Geschichten zu erzählen und damit sperrige Stoffe anschaulich zu gestalten."[66] Die Personalisierung ermöglicht jedoch nicht nur die Fokussierung auf Relevanz, sondern kommt auch der vom Rezipienten geforderten emotionalen Ansprache entgegen.[67] Medien fordern Personen, denn „im Kampf um öffentliche Meinung und öffentliche Zustimmung bewähren sich eher Gesichter als Argumente, eher Prominenz als Programm, eher Personen als Sachgesetzlichkeiten".[68]

Gaines-Ross hebt hervor, dass CEOs früher nur auf die Titelseite kamen, wenn etwas Außergewöhnliches geschah wie z. B. eine Unternehmensfusion – heute kann der Grund die Einführung eines neuen Produktes oder ein Skandal sein.[69] Die CEO-Berichterstattung ist in den letzten Jahren in Europa um 127 Prozent gestiegen.[70] Auch Schatz nimmt einen deutlichen Trend zur Berichterstattung über Spitzenmanager wahr: „Während in den achtziger Jahren nur äußerst selten ein Vorstandsvorsitzender in den Medien erwähnt wurde, ist dies in den ersten Jahren des neuen Jahrtausends ganz anders: Wirtschaft gehört na-

---

[60] Vgl. Eisenegger / Vonwil (2004), S. 77.
[61] Vgl. Eisenegger / Künstle (2003), S. 60.
[62] Hochegger (2006), S. 7.
[63] Definition siehe Anhang I.
[64] Vgl. Nessmann (2005), S. 24.
[65] Nessmann (2005), S. 20.
[66] Becker / Müller (2004), S. 28.
[67] Vgl. Merten (2004), S. 18.
[68] Buß / Heuberger (2000), S. 174.
[69] Vgl. Gaines-Ross (2003), S. 103.
[70] Vgl. Hochegger (2006), S. 7.

hezu in jede Nachrichtensendung. Und damit Menschen mit den Inhalten etwas verbinden können, greifen besonders die Wochenmedien und das Fernsehen gerne zur Darstellung der Nummer eins".[71] Nach einer Untersuchung der Unternehmensberichterstattung in Tageszeitungen aus dem Jahr 2004 rangiert das Thema Management, direkt nach Strategie und Produkten bzw. Dienstleistungen, an dritter Stelle.[72] Durchschnittlich zehn Prozent der Unternehmensberichterstattung bezieht sich heute auf den Vorstandsvorsitzenden, schätzt Lothar Rolke.[73] Diese Zahl dürfte in den nächsten Jahren noch weiter steigen, denn die Personalisierung der Berichterstattung geht einher mit dem Trend zum Bild – vor allem von Vorstandsmitgliedern.[74] Eine Bildanalyse der Medienberichterstattung von 15 Dax-Unternehmen hat ergeben, dass die verwendeten Bilder zum größten Teil Unternehmensangehörige zeigen (Abb. 1).[75]

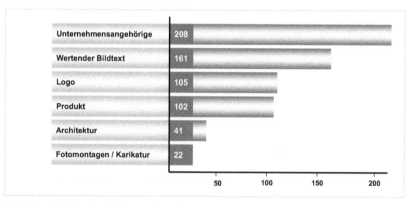

Abbildung 1: Bilder in der Unternehmensberichterstattung
Quelle: Eigene Darstellung, nach Ausschnitt Medienbeobachtung (2005), S. 1.

Meckel stellt dazu fest, dass im Medienalltag weitgehend die Regel gilt, „dass ein Thema ohne Bilder eigentlich kein Thema ist".[76] Alle Medien warten ständig auf leicht verständliche Bilder, da die Aufnahmefähigkeit der auf schnelle Reize konditionierten Konsumenten

---

[71] Schatz (2004a), S. 39.
[72] Vgl. Medien Tenor (2004a), S. 43. Basis 53.574 Passagen von / über Unternehmen, Branchen in 8 Tageszeitungen im Zeitraum 04-06/2004.
[73] Zitiert in Manager Magazin (2004).
[74] Vgl. Radunski (2002), S. 102.
[75] Vgl. Ausschnitt Medienbeobachtung (2005), S. 1. Die Bildanalyse der DAX-Konzerne in den Medien fand vom 01.-28.02.2005 statt; n = 478 Motive in 341 Beiträgen mit Bildern aus 17 Printmedien, inkl. Mehrfach-Zuordnung.
[76] Meckel (2003), S. 11.

beschränkt ist.[77] Eine ähnliche Meinung wird von Herbst vertreten, der Menschen für den Aufbau von Bilderwelten aufgrund ihrer Authentizität und Glaubwürdigkeit für besonders geeignet hält.[78]

Mit der Personalisierung kommen die Medien dem Wunsch des Publikums nach Nähe und Direktheit entgegen. In einer komplexen Gesellschaft kommt Führungspersönlichkeiten die Aufgabe zu, Ideen und Ideale zu verkörpern.[79] Da heute oftmals der CEO und nicht mehr das Unternehmen im Vordergrund steht, wird er zum Gesicht und der Stimme des Unternehmens. Er personifiziert das Unternehmen, was von der Öffentlichkeit auch so gefordert wird. Während durchtechnisierte Organisationssysteme wachsen, wächst zugleich das Bedürfnis der Öffentlichkeit nach Nähe, Direktheit und Personifizierung: ein paralleler Wachstum von „High Tech" und „High Touch" also.[80] Dies entspricht auch dem veränderten Unternehmerbild, nach dem die Bindung sozialer Verantwortung an Individuen, nicht an Organisationen gekoppelt ist.[81] Hochegger geht davon aus, dass Kunden, Investoren und Mitarbeiter mittels Medien eine Beziehung zur Person des Unternehmenslenkers aufbauen, die sie persönlich gar nicht kennen.[82] Diese Meinung wird durch die Ergebnisse der Hohenheimer Emotionalitätsstudie bestätigt: 39 Prozent der Deutschen wünschen, die leitenden Manager besser kennen zu lernen.[83]

Die Personalisierung der Berichterstattung kommt der Tatsache entgegen, dass Personen an der Spitze einer Hierarchie grundsätzlich mehr Interesse binden und zugleich die Neugier „des kleinen Mannes" auf die Verkörperung von Macht wecken.[84] Außerdem können Wirtschafthemen so leichter vermittelt werden. Durch die Personalisierung werden Unternehmensleiter in der Wahrnehmung der Öffentlichkeit zum Orientierungsfaktor bei komplexen wirtschaftlichen Vorgängen. Hinzu kommt, dass die breite Öffentlichkeit heute auch in der Wirtschaft nach Identifikationsfiguren sucht.[85] Die wirtschaftliche Führungsspitze in Deutschland übernimmt daher oftmals eine Vorbildrolle bei der Vermittlung von Zuversicht und Werten.[86] Daraus scheint sich ein grundlegender Erwartungskonflikt zu ergeben. Denn während der CEO primär auf der Interessenebene agiert, agiert das Publikum auch auf der Wertebene:

---

[77] Vgl. Brandstätter (2006), S. 35.
[78] Vgl. Herbst (2003b), S. 189.
[79] Vgl. Radunski (2002), S. 101.
[80] Vgl. Buß / Fink-Heuberger (2000), S. 158.
[81] Vgl. Staehle (1992), S. 253.
[82] Vgl. Hochegger (2006), S. 8.
[83] Vgl. Buß / Fink-Heuberger (2000), S. 171.
[84] Vgl. Merten (2004), S. 18.
[85] Vgl. Buß / Fink-Heuberger (2000), S. 172.
[86] Vgl. Medien Tenor (2004b), S. 52.

„In Phasen turbulenten unternehmerischen Geschehens wächst die Sehnsucht nach verlässlicher Führung. Personalisierung verheißt Einfachheit. Daran knüpfen sich klare Erwartungen, mehr noch Hoffnungen: Verlangen nach Verlässlichkeit, Integrität, Glaubwürdigkeit! Das sind moralische Anforderungen, deren Einlösung natürlich schwer fällt. Denn der technokratisch geprägte CEO erwartet ja umgekehrt Verständnis für die Komplexität und das Komplizierte der unternehmerischen Operationen."[87]

Aber genau mit diesen komplizierten wirtschaftlichen Hintergründen und Erklärungen will sich die Öffentlichkeit häufig gar nicht beschäftigen.

2.2.3 Skandalisierung der Berichterstattung

Zu den qualitativen Veränderungen der Wirtschaftsberichterstattung zählt auch die zunehmende Skandalisierungskommunikation.[88] Im modernen Mediensystem lässt sich eine „massive Zunahme an Skandalisierungsraten" beobachten.[89] Medien haben heute vor allem ein Ziel: das Publikum zu unterhalten und die Quote zu steigern.[90] Die kommerzialisierten Medienunternehmen orientieren sich daher an dem, was mit der Aufmerksamkeit des Publikums rechnen kann.[91] Die Tendenzen zu Negativismus und die Präferenz für Normenverstöße und Sensationen sind nach Jarren / Donges auf die starke Konkurrenz der Medien um Aufmerksamkeit zurückzuführen.[92] Die Medienlogik lenkt den Fokus verstärkt auf unökonomische Sachverhalte, denn dies steigert die Auflage und beschafft Quoten.[93] Insbesondere durch die Tendenz zur Skandalisierung von Wirtschaftsthemen, wie z. B. Bilanzskandale oder Debatten um Managergehälter etc., sind Unternehmen erhöhten Reputationsrisiken ausgesetzt.[94] Die Chance in öffentliche Auseinandersetzungen involviert zu werden und in Akzeptanzkonflikte zu geraten steigt.[95]

Parallel hierzu wächst scheinbar die Kritik- und Misstrauensbereitschaft der Öffentlichkeit gegenüber Unternehmen.[96] So agieren Unternehmen heute in einem Spannungsfeld zwischen den Anforderungen der Stakeholder einerseits und der strategischen Flexibilität der Unternehmensführung andererseits (Abb. 2).[97]

---

[87] Deekeling (2004), S. 69.
[88] Vgl. Eisenegger / Imhof (2004), S. 253.
[89] Eisenegger / Künstle (2003), S. 60.
[90] Vgl. auch Kapitel 2.1 der Arbeit.
[91] Vgl. Eisenegger / Vonwil (2004), S. 78.
[92] Vgl. Jarren / Donges (2002), S. 217.
[93] Vgl. Eisenegger / Vonwil (2004), S. 78 ff.
[94] Vgl. Eisenegger / Künstle (2003), S. 60.
[95] Vgl. Eisenegger / Vonwil (2004), S. 77.
[96] Vgl. Kirf (2002), S. 35.
[97] Vgl. Fischer (2001), S. 4.

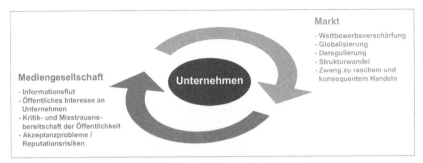

Abbildung 2: Unternehmen zwischen Markt und Mediengesellschaft
Quelle: Eigene Darstellung, teilweise nach Langen / Fischer (2001), S. 2.

Deshalb müssen sich Unternehmen vermehrt mit der Vorstellung der Öffentlichkeit von einem „wünschenswerten" Unternehmen auseinandersetzen.[98] Die Popularisierung von Wirtschaftsthemen führt dazu, dass Wirtschaft heute „jeden etwas angeht". Unternehmen müssen den Interessen der Shareholder gerecht werden und bei ihren Entscheidungen gleichzeitig auch die Interessen der Stakeholder berücksichtigen. Dies musste nicht zuletzt Shell erkennen. Shell hat durch Druck der Medien - der von Greenpeace-Aktivitäten vorangetrieben worden war - die Ölplattform Brent Spar doch nicht wie geplant im Meer versenkt. Röttger stellt daher fest, dass langfristiger ökonomischer Erfolg von Unternehmen nicht mehr ausschließlich über Beschaffungs- und Absatzmärkte zu erzielen ist, sondern „den Einbezug des gesellschaftlichen Umfeldes notwendig macht".[99] Unternehmen sind - wie Kirf betont - in ihrer öffentlichen Exponiertheit nicht immun „gegen Kommentare und Diskussionen, nicht befreit von Klischees und Vorurteilen, nicht isoliert von Polemik, Missbilligung und Skepsis".[100] Sie befinden sich oftmals im Spannungsfeld öffentlicher Kritik. Dabei geht es jedoch längst nicht mehr nur um Produkte oder strategische Themen, sondern auch um gesellschaftliches Verantwortungsbewusstsein.

Während Unternehmen einerseits um Aufmerksamkeit für ihre Botschaften in den Medien kämpfen, sind sie andererseits durch die zunehmende Skandalisierungskommunikation erhöhten Reputationsrisiken ausgesetzt. Unternehmerisches Handeln wird heute aufmerksam verfolgt und das Einwirken auf die wahrgenommene Wirklichkeit der Stakeholder wird daher wichtiger. Tatsächlich wird der Handlungsspielraum von Unternehmen heute von der Akzeptanz im Unternehmensumfeld bestimmt.[101] Derieth umschreibt das Dilemma der

---

[98]   Vgl. Buß / Fink-Heuberger (2000), S. 104.
[99]   Röttger (2001), S. 15.
[100]   Kirf (2002), S. 35.
[101]   Vgl. Szyszka (2004), S. 8.

14

Medienmacht daher wie folgt: „Unternehmen sind im Rahmen von Öffentlichkeitsarbeit einerseits auf journalistische Verbreitung als Mittler ihrer Aussagen angewiesen, haben jedoch ebenso Medien, die aus kommerziellen Gründen nach Sensationen, Skandalen und Krisen suchen, zu fürchten".[102]

2.2.4 Aufwirkungen der Personalisierung und Skandalisierung

Die Tendenz zur Skandalisierungskommunikation lässt sich auch in der CEO-Berichterstattung beobachten. Durch die Personalisierung haben Vorstände einzelner Unternehmen beachtliche Bekanntheitsgrade erreicht.[103] Gleichzeitig sind sie durch die zunehmende Skandalisierung verstärkt der öffentlichen Kritik ausgesetzt. Als Josef Ackermann, CEO der Deutschen Bank AG, im Jahr 2005 zur gleichen Zeit Rekordgewinne und Massenentlassungen verkündete, war das unter betriebswirtschaftlichen Gesichtspunkten und für die Shareholder des Unternehmens sicherlich eine nachvollziehbare Entscheidung. Für viele Stakeholder war diese Handlung jedoch vom sozialen Standpunkt her schwer nachzuvollziehen. So wurde Ackermann zwar möglicherweise als geschäftlich erfolgreich wahrgenommen, geriet jedoch in der öffentlichen Wahrnehmung zum „Bösewicht", was nicht zuletzt auf die skandalisierte Berichterstattung zurückzuführen war. Es wird deutlich, dass das Handeln des Unternehmens und der Unternehmensleitung von Interessen der Shareholder und Stakeholder beeinflusst wird, die oftmals gegensätzlich sind. Vorstandsvorsitzende müssen den Ansprüchen an die unternehmerischen Leistungen einerseits und den moralischen und sozialen Anforderungen andererseits gerecht werden. Wenn sie nicht in öffentliche Kritik geraten wollen, müssen sie Geschäftsentscheidungen öffentlich rechtfertigen - ansonsten gefährden sie ihr Image. Denn die Öffentlichkeit agiert – wie bereits beschrieben - nicht nur auf der Interessenebene, sondern auch auf der Wertebene.

Besonders in Krisensituationen steht der CEO oftmals mit allen Facetten seiner Persönlichkeit in der Medienkritik. Eisenegger / Vonwil gehen davon aus, dass die Personalisierung eine Darstellung in unökonomischen Zusammenhängen erleichtert, was eine skandalisierte Berichterstattung begünstigt, indem thematisierbare Diskrepanzen zwischen Funktionsrolle und unstatthaftem Lebensvollzug des CEO dargestellt werden.[104] In fast jedem Medium, das Reichweite erzielen will, ist diese Tendenz zur Personalisierung und Skandalisierung zu beobachten.[105] Die qualitativen Veränderungen in der Wirtschafts-

---

[102] Derieth (1995), S. 116.
[103] Vgl. Kirchner / Brichta (2002), S. 35
[104] Vgl. Eisenegger / Vonwil (2004), S. 78.
[105] Vgl. Neumann / Ross (2004), S. 11.

berichterstattung in Form von Personalisierung *und* Skandalisierung bergen für Unternehmensleiter viele Risiken. Die neuen Selektions- und Interpretationslogiken des Mediensystems führen dazu, dass Ergebnisse einer Handlung oftmals einer Person zugeschrieben werden. In der Berichterstattung heißt es heute nicht mehr „DaimlerChrysler macht den Aktionären keine Freude", sondern „Jürgen Schrempp macht den Aktionären keine Freude".[106] Es geht also immer weniger um die Problematisierung von Zuständen als vielmehr um die Skandalisierung von Personen, denn Menschen können besonders leicht als Helden oder Bösewichte, Opfer oder Täter dargestellt werden.[107] Genau diese Situation beschreibt Hartmut Mehdorn, CEO der Deutschen Bahn:

> „Ich glaube, dass in der deutschen Presselandschaft die Dinge sehr hart angegangen werden und viel personalisiert wird. Das merke ich gerade als Vorstandsvorsitzender der Deutschen Bahn ganz besonders. Wenn z. B. in Cottbus oder Wanne-Eickel eine Klospülung nicht funktioniert, dann steht in der Zeitung: „Mehdorn hat sein Klo nicht repariert". (...) Wenn Sie fragen, ob sich etwas verändert hat, so glaube ich, dass die Dinge in Deutschland wie in kaum einem anderen Land personalisiert werden. Die Deutschen scheinen einen Hang zu haben, hinter jeder Sache einen Schuldigen suchen zu müssen."[108]

Eine Vergleichstellung einer Untersuchung der Quantität der Berichterstattung über Vorstandsvorsitzende mit der Unternehmensberichterstattung insgesamt, zeigt, dass die Unternehmensführer zunehmend medial wahrgenommen werden (Abb. 3).[109]

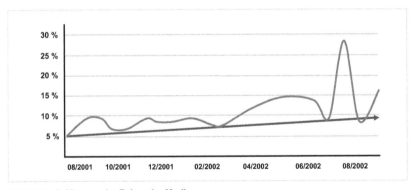

Abbildung 3: Manager im Fokus der Medien
Quelle: Eigene Darstellung, nach Medien Tenor (2003b), S. 47.

---

[106] Vgl. Kirchner / Brichta (2002), S. 32.
[107] Vgl. Eisenegger / Imhof (2004), S. 250.
[108] Zitiert in Deekeling (2003b), S. 89 ff.
[109] Vgl. Medien Tenor (2003b), S. 47. Der Erhebungszeitraum war von 01.08.2001 bis 30.11.2003; Basis der Untersuchung waren alle Passagen (mind. 5 Zeilen / Sek.) über die DAX-30 Unternehmen in 26 Medien; Anteil der Passagen, in denen hauptsächlich Manager oder ihre Eigenschaften dargestellt wurden.

Durchschnittlich zehn Prozent der Berichterstattung bezieht sich auf den CEO. Eine inhaltsanalytische Auswertung dieser Medienberichterstattung zeigt, dass das Managerbild zunehmend von negativen Bewertungen bestimmt wird (Abb. 4).[110]

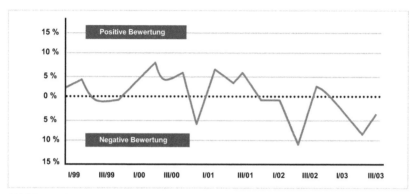

Abbildung 4: Managerbild in den Medien
Quelle: Eigene Darstellung, nach Medien Tenor (2003a), S. 47.

Eine Untersuchung von Faktenkontor / Landau Media / Handelsblatt zur Presseresonanz über Vorstandsvorsitzende aus dem Jahr 2006 ergab, dass die Meldungen zu 89 Prozent negativ waren.[111] Weitere drei Prozent der Meldungen waren kritisch oder ambivalent. Durch eine Analyse der Berichterstattung hat Christiana Berner die aktuellen Images der Manager in Deutschland untersucht.[112] Sie kam zu dem Ergebnis, dass Manager als Helden gefeiert und gleichzeitig als skrupellose Personen dargestellt werden. Sie werden zu Vorbildern erklärt, um im nächsten Moment einen neuen Managertyp zu fordern.

Diese widersprüchliche und oftmals negative Wahrnehmung von Vorstandsvorsitzenden in den Medien bedeutet für Unternehmen ein erhöhtes Risikopotenzial. Wie gut oder wie schlecht ein Unternehmen bewertet wird, hängt durch die personalisierte Berichterstattung zunehmend von der Wahrnehmung des Unternehmensleiters ab, denn: „In der öffentlichen Wahrnehmung einer Mediengesellschaft gilt immer mehr: wie der Chef, so die Firma".[113]

---

[110] Vgl. Medien Tenor (2003a), S. 47. Der Erhebungszeitraum war von 01.01.1999 bis 30.09.2003; Basis der Untersuchung waren 60.447 Passagen über Unternehmen, Manager und Branchen (mind. 5 Zeilen / Sek.) in 16 Medien; gezeigt ist hier die Bewertung der Passagen mit Schwerpunkt Management.
[111] Vgl. Faktenkontor / Landau Media / Handelsblatt (2006), S. 9. Die Untersuchung umfasste die Recherche in 21 deutschen Publikationsquellen in der Zeit vom 01.01.2005 bis 31.12.2005 nach Pressemeldungen aller Vorstandsvorsitzenden im DAX, MDAX, SDAX und TecDAX notierten Unternehmen. Insgesamt wurden 8.966 Nennungen von Wirtschaftsführern in 8.509 Meldungen untersucht.
[112] Vgl. Berner (2003), S. 114.
[113] Neumann / Ross (2004), S. 21.

2.3 Ausrichten des unternehmerischen Handelns an den Gesetzmäßigkeiten der Mediengesellschaft

Unternehmen und Unternehmensleitung sind heute – wie dargestellt - dem öffentlichen Interesse sowie oftmals der öffentlichen Kritik ausgesetzt. Ein positives Image und die Aufmerksamkeit für die eigenen Botschaften gelten nach wie vor als Grundlage des wirtschaftlichen Erfolgs. Unternehmen müssen ihr Handeln daher verstärkt an den Gesetzmäßigkeiten der Mediengesellschaft ausrichten. Sie weiten ihre Kommunikationsbemühungen aus und entwickeln spezielle Kommunikationsstrategien, um den neuen Anforderungen gerecht zu werden.

2.3.1 Ausweitung und Professionalisierung der Unternehmenskommunikation

Die Informations- und Kommunikationsvermittlung ist für Unternehmen von einer Neben- zur Hauptsache geworden.[114] Nur über die Medien kann die Öffentlichkeit kontinuierlich erreicht werden, denn das Einwirken auf „individuelle und gesellschaftliche Wirklichkeitskonstruktion bedarf vor allem öffentlicher Kommunikationsprozesse, da Unternehmen nicht isolierte, atomisierte Bestandteile des Gesellschaftssystems, sondern in ein vielschichtiges Umfeld eingebunden sind".[115] Um systemexterne sowie systeminterne Ziele zu erreichen, sind Unternehmen folglich auf mediale Vermittlungsleistungen angewiesen.[116] Denn die Medienarena ist das wichtigste Zugangsportal zur Gesellschaft.[117]

Die Medienarena spielt jedoch nicht nur eine entscheidende Rolle, um Aufmerksamkeit zu erzielen und Botschaften zu platzieren, sondern auch für die Konstitution von Image und Reputation. Merten geht davon aus, dass sich der Begriff des Images wie kein anderer in direkter Anlehnung an die Entwicklung der Gesellschaft zur Mediengesellschaft entwickelt hat.[118] Durch die steigende Mediennutzung und Ausdifferenzierung der Wirtschaftspublizistik nehmen Zielgruppen und Stakeholder Unternehmen immer ausschließlicher und folgenreicher über Medien wahr: „Die Vorstellungen und Bilder, die Unternehmen in den Köpfen ihrer relevanten Zielgruppen anhaften, sind dabei immer seltener Ergebnisse eigener Erfahrung, als vielmehr Ausdruck einer Verschmelzung tradierter oder populärer Mythen, aktueller öffentlicher Stimmungslagen und gesellschaftlichen Zeitgeistes – und

---

[114] Vgl. Jarren (2004), S. 2.
[115] Derieth (1995), S. 109.
[116] Vgl. Jarren (2004), S. 1.
[117] Vgl. Eisenegger / Künstle (2003), S. 60.
[118] Vgl. Merten (1999), S. 244.

damit zumeist Abbild medial vermittelter Kommunikation."[119] Auch Derieth bestätigt, dass Unternehmensimages in erster Linie auf massenmedialer Wahrnehmung in der Öffentlichkeit beruhen.[120] Um ein möglichst positives, konsistentes Image in der Öffentlichkeit zu schaffen, müssen sich Unternehmen an der Medienlogik orientieren. Zudem bietet Kommunikation in vielen Fällen die einzige Differenzierungsmöglichkeit zu Mitbewerbern, denn Produkte bzw. Dienstleistungen und Preise werden immer ähnlicher. Kommunikation wird so zu einem Erfolgsfaktor für Unternehmen.

Die Folge ist: Unternehmen professionalisieren ihre Kommunikation zunehmend. Sie agieren unter den Bedingungen der Mediengesellschaft. Die Ausgaben für Kommunikation und Medienleistungen steigen kontinuierlich.[121] Denn Unternehmen intensivieren ihre Kommunikationsaktivitäten und Bemühungen um die Medien.[122] Die Bedingungen der Mediengesellschaft führen zu einem Wandel der Unternehmen vom „Produzenten zum Kommunikator".[123] Der Grund für die gesteigerten Bemühungen der Unternehmen um die Medien ist für Kaden eindeutig: Unternehmen verkaufen Produkte oder Dienstleistungen, wobei der Umsatz höher sein soll als die Ausgaben und „die Chance, dass dies gelingt, dass der Unternehmenswert gemehrt wird, ist umso größer, je besser die Firma in der Öffentlichkeit angesehen wird".[124] Hinzu kommt, dass die Antwort auf informelle Fehlentwicklungen in den Medien vermutlich nur „mehr professionelle und gezielte Öffentlichkeitsarbeit" heißen kann.[125] Auch Wolff bestätigt, dass bei Unternehmen die Kenntnis der medialen Spielregeln heute weiter verbreitet ist als je zuvor und sie in zunehmendem Maße professionell genutzt wird, um die Öffentlichkeit zu erreichen.[126]

Zu dieser Professionalisierung zählt auch die kontinuierliche Entwicklung neuer Strategien, um die Möglichkeiten der Einflussnahme auf das Mediensystem zu erhöhen. Das Issues Management ist eine dieser Strategien. Durch gezieltes Agenda-Setting, -Cutting und -Surfing versuchen Unternehmen potenzielle Chancen- und Risikothemen samt relevanter Stakeholdergruppen zu identifizieren und im Sinne des Unternehmens auf die öffentliche Meinung einzuwirken.[127] Dabei folgt nach einer systematischen Quellenanalyse die gezielte Beeinflussung von Meinungen und Trends.[128] Somit ist das Issues Manage-

---

[119] Fischer (2001), S. 10.
[120] Vgl. Derieth (1995), S. 105.
[121] In Deutschland werden jährlich ungefähr 65 Mrd. Euro für Produkt- und Unternehmenskommunikation ausgegeben, das entspricht drei Prozent des Bruttoinlandsprodukts. Vgl. Rolke (2003b), S. 13.
[122] Vgl. Jarren (2004), S. 2.
[123] Träm (2002), S. 46.
[124] Kaden (2003), S. 20.
[125] Bentele / Rolke (1998), S. 12.
[126] Vgl. Wolff (1999), S. 31.
[127] Vgl. Derieth (1995), S. 202 ff.
[128] Vgl. Kuhn (2003).

ment auch mitunter eine Reaktion auf die oftmals negative Medienberichterstattung, denn es ermöglicht die „proaktive Auseinandersetzung mit konflikthaltigen Sachverhalten".[129] Unternehmen versuchen Gefahren zu bannen, indem sie auf die Entwicklung von (Negativ-)Themen einwirken. Die Mitarbeiter von Bertelsmann werten täglich rund 30.000 Zeitungs- und Magazinartikel aus, um relevante Themen zu identifizieren.[130]

Auch das Ereignismanagement ist eine Reaktion der Unternehmen auf die veränderten Rahmenbedingungen. Es zählt längst nicht mehr das, was wirklich geschehen ist, sondern die vorausschauende Gestaltung, die Inszenierung der Wirklichkeit.[131] Mediatisierte und inszenierte Ereignisse bestimmen das Handeln von Unternehmen: Hauptversammlungen, Börsengänge - vieles wird heute medienwirksam inszeniert. So begleitete z. B. Verona Feldbusch die Verantwortlichen anlässlich des Börsengangs von Telegate pressewirksam nach Frankfurt.[132] Es geht letztendlich darum, Ereignisse an medialen Selektionskriterien auszurichten, um die Chancen der positiven Berichterstattung zu erhöhen.

2.3.2 Personalisierung der Unternehmenskommunikation

Ein weiterer Aspekt der Anpassung an die Bedingungen der Mediengesellschaft ist die Personalisierung der Unternehmenskommunikation. Wenn Unternehmen ihr Handeln an den Gesetzmäßigkeiten der Medien ausrichten, dann bedeutet das auch, dass sie versuchen den Medien das zu bieten, was Nachrichtenwert hat. Die Personalisierung entspricht einer Professionalisierung der Unternehmenskommunikation. Die Berücksichtigung der Nachrichtenfaktoren bedeutet schließlich auch, die eigene Sinn- und Selektionsstruktur des Mediensystems zu beachten. Unternehmen orientieren sich daher „an der zunehmend personalisierten Berichterstattung in den Medien".[133] Es scheint sich die Erkenntnis durchgesetzt zu haben, dass die Personalisierung der Unternehmenskommunikation „einerseits von den Medien gefordert wird und andererseits für die Darstellung des Unternehmens selbst positiv genutzt werden kann".[134] Dabei ist zunehmend der Unternehmensleiter gefordert, Stellung zu beziehen: „Das imageentscheidende Massenpublikum verlangt das Management persönlich".[135] Unternehmen entwickeln deshalb vermehrt Personalisierungsstrategien, „die den CEO in das Zentrum der Kommunikation stellen".[136] Die

[129] Röttger (2001), S. 15.
[130] Vgl. Kuhn (2003).
[131] Vgl. Kepplinger (1992), S. 9.
[132] Vgl. Kirchner / Brichta (2002), S. 34.
[133] Rolke / Wolff (2003), S. 11.
[134] Kirchner / Brichta (2002), S. 33.
[135] Irrle (2004), S. 45.
[136] Casanova (2004), S. 57.

DaimlerChrysler AG z. B. setzt die Personalisierung der Unternehmenskommunikation konsequent um. Das Unternehmen stellt den Vorstandsvorsitzenden Dieter Zetsche in das Zentrum der Kommunikationsstrategie, um das Unternehmensimage nachhaltig zu verbessern.[137] In den neuesten US-Werbespots wird er als „Dr. Z" selbstironisch und öffentlichkeitswirksam als Gesicht des Unternehmens dargestellt.

Die Personalisierung der Unternehmenskommunikation gestaltet sich jedoch oftmals schwierig. Öffentlichkeitsarbeit fiel bislang nicht in diesem Maße in den Aufgabenbereich des Vorstandsvorsitzenden und stellt daher völlig neue Anforderungen an seine Kommunikationsfähigkeit. Lange Zeit bestand die Hauptaufgabe der Kommunikationschefs darin, „die Vorstände von den Journalisten abzuschirmen".[138] Die Zeiten, in denen Journalisten ihre Berichterstattung an der „Zugangsberechtigung" zum Management orientieren sind jedoch vorbei.[139] Es wird auch dann berichtet, wenn vom Unternehmen selbst kein Statement kommt. So müssen Vorstandsvorsitzende heute begreifen, dass selbst das Nichtssagen eine Form der Kommunikation darstellt.[140] Das Verhältnis von Journalisten und Managern gilt jedoch seit je her als schwierig. Die Mehrheit der deutschen Unternehmensspitzen scheint nach Auffassung von Schatz wenig von Journalisten zu halten.[141]

Vorstandsvorsitzende nehmen oftmals eine ablehnende Haltung gegenüber den Medien ein, da sie diese alleine für das schlechte Managerbild verantwortlich machen. Doch Kritiker gehen davon aus, dass sie auch mitunter selbst dafür verantwortlich sind. Nach Medien Tenor kann das zunehmend negativer werdende Managerbild in den Medien auch auf mangelnde Kommunikationsfähigkeit der Vorstände zurückgeführt werden.[142] Unternehmensführer sollten die Medien als Markt ansehen, den sie erobern müssen, denn es wäre „geradezu fahrlässig, die Gestaltung des eigenen Images via Medien anderen zu überlassen".[143] Die Bedingungen der Mediengesellschaft „verschärfen also das Kommunikationsproblem für einen CEO" meint Richmond.[144] Unternehmer legitimieren sich im Normalfall gegenüber einem kleinen Kreis von Mitarbeitern[145] und stellen sich nicht gerne den kritischen Fragen und Kommentaren der Journalisten. Außerdem fällt es Vorstandsvorsitzenden nach Meinung von Rolke schwer zu begreifen, dass Sachfragen in

---

[137] Vgl. Brettschneider (2006), S. 1.
[138] Rolke / Wolff (2003), S. 9.
[139] Vgl. Schatz (2004a), S. 37.
[140] Vgl. Preusker (2003), S. 110.
[141] Vgl. Schatz (2004a), S. 37.
[142] Vgl. Medien Tenor (2003a), S. 47.
[143] Medien Tenor (2003b), S. 47.
[144] Richmond (2002), S. 57.
[145] Vgl. Wolff (2003), S. 140

21

den Medien eine untergeordnete Rolle spielen und es vielmehr darum geht „talkshowfähig" zu sein.[146]

Das Anforderungsprofil an Vorstandsvorsitzende ist anspruchsvoller geworden. Neben Führungsqualitäten und Sachkompetenz müssen Vorstandsvorsitzende heute offensichtlich auch über Kommunikationsfähigkeit und Medienkompetenz verfügen. Denn die CEO-Kommunikation gewinnt an Bedeutung. Die Personalisierung der Botschaften entspricht der Medienlogik und wirkt „attraktiver als die Darstellung komplexer Probleme und Entscheidungsprozesse".[147] Die Komplexität von Wirtschaftsthemen wird auf die Person des CEO reduziert.[148] Er wird daher häufig als Gesicht und Stimme des Unternehmens wahrgenommen und „personifiziert in der öffentlichen Wahrnehmung die Werte und den Erfolg seines Unternehmens".[149] So sind „Unternehmensleistung und Unternehmensleitung" untrennbar miteinander verbunden.[150] Während die Anforderungen an Publizität und Rechtfertigung ansteigen, stehen Vorstandsvorsitzende in einer transparenteren und medienbeherrschten Gesellschaft ständig unter Beobachtung.[151] Hinzu kommt, dass heute durch Massenmedien und Internet alle Informationen – Leistungen, Geschichte und persönliche Daten - über einen CEO jederzeit verfügbar sind. Deshalb können sich CEOs nicht mehr „verstecken".[152]

Der übergeordnete Grund für den Bedeutungszuwachs in der CEO-Kommunikation ist jedoch die Tatsache, dass der Vorstandsvorsitzende durch die hochpersonalisierte Berichterstattung einen großen Einfluss auf die Wahrnehmung des Unternehmens bei allen Stakeholdern hat. Die Unternehmensreputation hängt deshalb nach Eisenegger / Imhof verstärkt von der Reputation des Spitzenmanagers ab.[153] Insbesondere durch die Tendenzen zur Skandalierungskommunikation steigen auch die Reputationsrisiken für Unternehmen.[154] Denn die qualitativen Veränderungen der Wirtschaftsberichterstattung in Form von Personalisierung und Skandalisierung führen dazu, dass sich heute sowohl Aufmerksamkeitsdynamiken als auch Reputationsrisiken oftmals in der Person des Vorstandsvorsitzenden vereinen.[155] Das Bild des CEO in den Medien kann aufgrund dieser Entwicklungen

[146] Vgl. Rolke (2003a), S. 160.
[147] Radunski (2002), S. 104.
[148] Vgl. Institut für Demoskopie Allensbach (2005), S. 18.
[149] Hochegger (2006), S. 7.
[150] Vgl. Becker / Müller (2004), S. 3.
[151] Vgl. Institut für Demoskopie Allensbach (2005), S. 16.
[152] Vgl. Gaines-Ross (2006), S. 64.
[153] Vgl. Eisenegger / Imhof (2004), S. 256.
[154] Vgl. Eisenegger / Imhof (2004), S. 257.
[155] Vgl. Zerfaß / Sandhu (2005), S. 4.

nicht dem Zufall überlassen werden, deshalb gewinnt die CEO-Kommunikation an Bedeutung (Abb. 5).

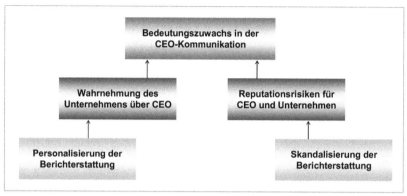

Abbildung 5: Neue Kommunikationsanforderungen in der Mediengesellschaft
Quelle: Eigene Darstellung

Unter den Bedingungen der Mediengesellschaft werden Unternehmen gezwungen die
Wahrnehmung der Unternehmensleitung aktiv zu beeinflussen. Eine Untersuchung von
Faktenkontor / Landau Media / Handelsblatt zur Presseresonanz der deutschen Wirtschaftsführer ergab, dass das Potenzial zur Kompetenzdemonstration in Form von Interviews oder Expertenmeinungen von Vorstandsvorsitzenden noch kaum genutzt wird.[156]
Doch das negative Managerbild in den Medien kann nur durch eine gute Kommunikationsleistung des CEO beeinflusst werden. Eine strategisch geplante CEO-Kommunikation
scheint unter den Bedingungen der Mediengesellschaft unumgänglich.

2.4   Zwischenfazit

Dieses Kapitel hat gezeigt, wie die neuen Bedingungen der Mediengesellschaft die
Handlungsweisen von Unternehmen verändern. Kommunikation wird für Unternehmen
wichtiger, da nur so die Stakeholder des Unternehmens erreicht werden können. Ohne
Medien kann keine öffentliche Kommunikation erfolgen, denn Unternehmen und Unternehmensleitung sind auf die Medien als Vermittler und Verstärker ihrer Kommunikation
angewiesen. Angesichts der zunehmenden Bedeutung medialer Kommunikation sehen
sich Unternehmen und Unternehmensleitung neuen Herausforderungen gegenüber. In

---

[156] Vgl. Faktenkontor / Landau Media / Handelsblatt (2006), S. 2.

23

einem eigenlogisch funktionierenden Mediensystem, das nach eigenen Selektionskriterien und Interpretationslogiken agiert, müssen sie ihr Handeln verstärkt an den Gesetzmäßigkeiten der Mediengesellschaft ausrichten. Unternehmen werden immer mehr und folgenreicher über Medien wahrgenommen. Sie befinden sich heute im Zentrum des öffentlichen Interesses und oftmals auch der öffentlichen Kritik. Es müssen nicht mehr nur die Interessen der Shareholder, sondern auch die Interessen der Stakeholder berücksichtigt werden. Zudem bietet Kommunikation heute oftmals das einzige Differenzierungsmerkmal zu Mitbewerbern. Die Bemühungen um die Medien nehmen deshalb zu: Unternehmen professionalisieren ihre Kommunikation. Auf diese Weise können sie die Chancen erhöhen Aufmerksamkeit zu erzielen, Botschaften zu platzieren und das eigene Image bei den Stakeholdern positiv beeinflussen und gezielt steuern. Zu dieser Professionalisierung zählen auch Instrumente wie das Issues Management, das Ereignismanagement und die Personalisierung der Unternehmenskommunikation.

Die Bedingungen der Mediengesellschaft haben zu einem Bedeutungszuwachs in der CEO-Kommunikation geführt. Durch Personalisierungstendenzen in der Berichterstattung werden Unternehmen verstärkt über den Unternehmensleiter wahrgenommen. Wie gut oder schlecht das Unternehmen bewertet wird, hängt zunehmend davon ab, wie der CEO wahrgenommen wird. Die zunehmende Skandalisierungskommunikation in der Wirtschaftsberichterstattung führt auch dazu, dass Unternehmen und Unternehmensleitung erhöhten Reputationsrisiken ausgesetzt sind. Unter den Bedingungen der Mediengesellschaft vereinen sich Aufmerksamkeitsdynamiken und Reputationsrisiken oftmals in der Person des Unternehmensleiters. Nur durch eine strategisch geplante Kommunikation kann der Vorstandsvorsitzende die Medienberichterstattung gezielt beeinflussen. So kann er einen positiven Einfluss auf seine Wahrnehmung in der Öffentlichkeit haben. Die Kommunikationsfähigkeit und -leistung des CEO gewinnt für Unternehmen immer mehr an Bedeutung.

3. Die Rolle des CEO in der Unternehmenskommunikation

3.1 Bedeutung der CEO-Reputation[157] für den Unternehmenserfolg

Unternehmen lassen sich auf die Bedingungen der Mediengesellschaft ein, deshalb professionalisieren und personalisieren sie ihre Unternehmenskommunikation. Sie lassen sich auf die Logik der Medien ein, da sie davon ausgehen, auf diesem Wege Kunden zu gewinnen, die Öffentlichkeit positiv zu stimmen, Investoren zu überzeugen und die Mitarbeiter zu motivieren, indem sie für ein „angesehenes" Unternehmen arbeiten. Das übergeordnete Ziel für das Ausrichten des unternehmerischen Handelns an den Gesetzmäßigkeiten der Mediengesellschaft ist jedoch die Wertsteigerung. Es scheint klar, dass sich an die gesteigerten Kommunikationsbemühungen „auch eine finanzielle Wertsteigerung des Unternehmens anschließt."[158] Der Wert von Kommunikation war dennoch lange Zeit umstritten, da es an mangelnder Zielklarheit und Messbarkeit fehlte. Kommunikation wurde eher stiefmütterlich behandelt. Sie galt allenfalls als unterstützendes Verkaufsinstrument, weniger als Instrument der modernen Unternehmensführung zur Wertsteigerung.

Doch heute kann als gesichert gelten: Ein starkes Image und eine gute Reputation beeinflussen das Bild des Unternehmens bei den Stakeholdern und haben somit einen Einfluss auf den Wert des Unternehmens. Ein positives Unternehmensimage bildet sich vor allen Dingen durch die Kommunikationsleistung.[159] Kommunikation gilt heute als wettbewerbsrelevant, da Kommunikationsprozesse über das Image und die Reputation eines Unternehmens entscheiden. Es scheint jedoch noch immer an einem Mess- und Quantifizierungsinstrument zu fehlen, das die Steigerung des Unternehmenswertes durch die Reputation und die Rolle der Kommunikation in diesem Prozess genau belegt.[160] Eine Studie von Rolke / Koss konnte jedoch nachweisen, dass es einen engen Zusammenhang zwischen Image und Unternehmenserfolg, Image und Kommunikation gibt.[161] Das Fazit der

---

[157] Definition der Begriffe Reputation und Image siehe Anhang I. Die Begriffe Reputation und Image werden von einigen Autoren synonym verwendet. Vgl. Bentele / Buchele / Hoepfner / Liebert (2003), S. 20. Andere wiederum verweisen darauf, dass Reputation das Ergebnis der verschiedenen Images bei den einzelnen Anspruchsgruppen ist. Vgl. Bazil (2001), S. 6. Die Reputation entsteht somit aus einer integrierten Bewertung des Unternehmensimages. Im Rahmen dieser Arbeit sollen die Begriffe jedoch nicht genauer differenziert werden. Zum einen, weil sie in der Literatur zur CEO-Kommunikation synonym verwendet werden und kein Unterschied zwischen CEO-Image und CEO-Reputation gemacht wird. Zum anderen, weil die Begriffe lediglich dazu dienen, den Einfluss des CEO auf den Unternehmenserfolg darzustellen. Dabei scheint es nicht relevant darauf einzugehen, ob die Images des Unternehmens bei den einzelnen Anspruchsgruppen nun als Ganzes das Unternehmensimage oder die Reputation bilden.
[158] Bentele / Buchele / Hoepfner / Liebert (2003), S. 32.
[159] Vgl. Derieth (1995), S. 105.
[160] Vgl. Bentele / Buchele / Hoepfner / Liebert (2003), S. 32.
[161] Vgl. Rolke / Koss (2005), S. 7.

Studie lautet daher, dass professionelle Kommunikation zu einem besseren Image führt und ein besseres Image den Unternehmenserfolg steigert. Szyszka meint jedoch, dass auch ohne betriebswirtschaftliche Kennziffern der Wert von Kommunikation für das Unternehmen anerkannt werden müsste, da „Meinungen und meinungsbeeinflussende Informationen einem Unternehmen immer existenziell zugrunde liegen."[162] Reputation und Image bilden sich in einer Mediengesellschaft fast ausschließlich über massenmediale Kommunikation – so Preusker.[163] Faktoren wie z. B. die Qualität der Produkte bzw. Dienstleistungen spielen zwar auch eine Rolle, doch der Wert einer Marke wird nicht mehr alleine durch Produktmerkmale oder der Unique Selling Proposition bestimmt. Alleinstellungsmerkmale sind angesichts der immer ähnlicher werdenden Preise, Produkte und Dienstleistungen oftmals nur durch Kommunikation zu erreichen. In der Mediengesellschaft ist deshalb anstelle des Produktwettbewerbs ein Kommunikationswettbewerb getreten.[164] Nach Piwinger erwacht Kommunikation allmählich aus dem Dornröschenschlaf des „nice to have" und wird zunehmend als Investition in den Unternehmenswert begriffen. Denn immaterielle Vermögenswerte[165] wie Image, Reputation oder Bekanntheit sind als Ergebnisse von Differenzierungsstrategien anzusehen, die stark kommunikationsgesteuert sind.[166]

In dieser Ursachen-Wirkungskette spielt der CEO eine entscheidende Rolle. Dieser Aspekt wurde jedoch lange Zeit ignoriert. Gaines-Ross meint, dass Wissenschaftler den Zusammenhang zwischen der Reputation des CEO und der Unternehmensleistung aus historischen Gründen ignoriert haben.[167] Der Unternehmenswert wurde lange Zeit vor allem von materiellen Vermögenswerten[168] bestimmt. Heute wird immateriellen Vermögenswerten wie der Reputation eine größere Bedeutung beigemessen. Die Reputation eines Unternehmens gilt mittlerweile als entscheidender und wertschöpfender Faktor. Aufgrund des neuen Stellenwertes von Reputation und Kommunikation wird auch dem CEO-Einfluss auf das Unternehmensimage und den Unternehmenserfolg mehr Bedeutung beigemessen. Der Zusammenhang zwischen CEO-Image und Unternehmensimage wurde

---

[162] Szyszka (2004), S. 14.
[163] Vgl. Preusker (2003), S. 99.
[164] Kommunikation und Reputation erweisen sich deshalb als strategische Wettbewerbsvorteile, durch die sich ein Unternehmen vom anderen unterscheidet. Vgl. Bazil (2001), S. 11.
[165] Definition siehe Anhang I.
[166] Vgl. Piwinger (2002), S. 2 ff. Reputation zielt daher nicht primär auf Popularität oder Sympathie in den Medien ab, sondern ist ein Mittel um Umsatz-, Profit- und Wertsteigerung zu erreichen. Deshalb übernimmt die Unternehmenskommunikation zunehmend die Rolle produktiven Kapitals. Vgl. Langen / Fischer (2001), S. 9 ff.
[167] Vgl. Gaines-Ross (2003), S. 8.
[168] Definition siehe Anhang I.

durch mehrere Studien belegt.[169] Es wird daher zunehmend anerkannt, dass der CEO durch sein Image Einfluss auf den wirtschaftlichen Erfolg des Unternehmens haben kann. Die Untersuchungen bestätigen die Annahme von Richmond, dass das Unternehmensimage untrennbar mit dem CEO verbunden ist: Sein Bild in der Öffentlichkeit ist für die Einschätzung der Aussichten des Unternehmens verantwortlich.[170] Auch eine Studie der Freien Universität Berlin belegt den starken Zusammenhang zwischen CEO-Image und Unternehmensimage (Abb. 6).[171]

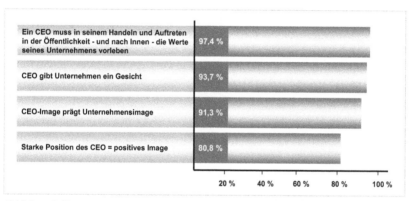

Abbildung 6: Zusammenhang zwischen CEO-Image und Unternehmensimage
Quelle: Eigene Darstellung, nach Freie Universität Berlin (2005), S. 16 / 17.

Bei dieser Untersuchung gaben 93,7 Prozent der Befragten an, dass der CEO dem Unternehmen ein Gesicht gibt. Nach Meinung von 91,3 Prozent prägt der CEO das Unternehmensimage. Weitere 80,8 Prozent meinen, dass eine starke Positionierung des CEO ein positives CEO-Image bewirkt. Der Aussage „Ein CEO muss in seinem Handeln und Auftreten in der Öffentlichkeit – und nach innen – die Werte seines Unternehmens / seiner Organisation vorleben" stimmten 97,4 Prozent der befragten Kommunikationsverantwort-

---

[169] Vgl. exemplarisch CEO-Studien von Burson-Marsteller (2001/2004), Publicis Sasserath (2004), Institut für Demoskopie Allensbach (2005), Freie Universität Berlin (2005) und Hill & Knowlton (2006). Alle Studien weisen darauf hin, dass der CEO einen großen Einfluss auf das Image und den Erfolg des Unternehmens haben kann.
[170] Vgl. Richmond (2002), S. 59.
[171] Vgl. Freie Universität Berlin (2005), S. 9 ff. Bei dieser Befragung wurden 179 PR-Praktiker aus Unternehmen und Agenturen zur Rolle des CEO in der Unternehmenskommunikation befragt. Etwa drei Viertel der Befragten haben eine Führungsposition innerhalb des Unternehmens und 67 Prozent der Befragten berichten direkt an den CEO.

lichen zu. Es wird deshalb von einer „idealtypischen Wirkungseinheit von Unternehmen und Unternehmensleitung" ausgegangen.[172]

Für Bentele / Hoepfner ist dieser Zusammenhang damit zu erklären, dass Markenbestandteile sich gegenseitig beeinflussen.[173] Deshalb verweisen sie darauf, dass der Vorstandsvorsitzende mit seiner Kommunikation, seinem Auftreten und seinem Handeln das Image des Unternehmens, an dessen Spitze er steht, beeinflusst. Eine Gegenüberstellung der Imagerankings von Vorstandsvorsitzenden und Unternehmen aus dem Jahr 2006 lässt eine hohe Korrelation zwischen beiden Reputationswerten erkennen (Abb. 7). Ein Vergleich der Korrelation mit dem Jahr 2004 und weitere Ausführungen sind im Anhang II dieser Arbeit zu finden.

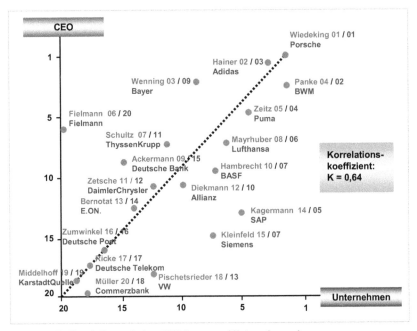

Abbildung 7: Korrelation zwischen CEO-Image und Unternehmensimage
Quelle: Eigene Darstellung, nach Manager Magazin (2006a), S. 82 ff. und Manager Magazin (2006b), S. 154 ff.

---

[172] Freie Universität Berlin (2005), S. 15.
[173] Vgl. Bentele / Hoepfner (2004), S. 16.

Der hohe Korrelationskoeffizient beweist den statistisch nachweisbaren Zusammenhang zwischen CEO-Image und Unternehmensimage. Erfolgreiche Unternehmensleiter werden höher bewertet als ihr Unternehmen. Zetsche (DaimlerChrysler AG) agiert medienwirksam und versucht über den Personalisierungsprozess die Imagewerte des Unternehmens zu verbessern. Die Vorstandsvorsitzenden, die unter der Korrelationslinie liegen, haben ein schwächeres Image als das ihres Unternehmens. Insbesondere Traditionsunternehmen wie Lufthansa, Siemens oder BASF haben ein Unternehmensimage, welches sich stärker durchsetzt als das ihres Leiters. Es könnte sein, dass Vorstandsvorsitzende, die ein stärkeres Image haben als ihr Unternehmen mehr und erfolgreicher medienwirksam kommunizieren. Dagegen könnte es sein, dass CEOs, die hinter ihrem Unternehmen zurückbleiben, weniger gezielt und imagewirksam kommunizieren.

Die Porsche AG glänzt sowohl durch ein starkes Unternehmensimage als auch CEO-Image. Das Unternehmen selbst und der CEO (Wiedeking) stehen an erster Stelle bei den Imagerankings. Aufgrund der hohen Korrelationswerte ist anzunehmen, dass sich die Anerkennung für den Vorstandsvorsitzenden und das Unternehmen unweigerlich angleichen. Dies würde dafür sprechen, dass nur eine konsequente Optimierung des Unternehmensimages *und* des CEO-Images zu dauerhaften Spitzenwerten führen kann.[174] Ein gutes Unternehmensimage und eine gute CEO-Reputation verstärken sich somit gegenseitig zum Wohl des Unternehmens. Ein schlechtes CEO-Image dagegen könnte dem Unternehmen langfristig schaden.

3.2 Der CEO im Stakeholder-Dialog

Neben der Qualität der Produkte und der Marktstellung des Unternehmens hat die CEO-Reputation heute einen entscheidenden Einfluss auf das Unternehmensimage und den Unternehmenserfolg. Das liegt auch mitunter an den neuen Kommunikationsanforderungen der Stakeholder.

3.2.1 Kommunikationsanforderungen der Stakeholder

Die CEO-Kommunikation ist für alle Stakeholdergruppen wichtiger geworden. Bei einer Befragung des Instituts für Demoskopie Allensbach gaben 90 Prozent der befragten Experten an, dass die CEO-Kommunikation in den letzten zehn Jahren wichtiger geworden

---

[174] Vgl. auch Kapitel 6.1 der Arbeit.

ist.[175] Als Gründe für den Bedeutungszuwachs wurden bei der Befragung vor allem neue Kommunikationsanforderungen von Öffentlichkeit, Investoren, Aktionären, Mitarbeitern und Kunden in globalisierten Märkten genannt.[176] So sind heute „vom Chatroom zum Vorstandssaal bis zum Börsenparkett" alle Augen auf den Vorstandsvorsitzenden gerichtet.[177] Für die CEO-Kommunikation sind folgende Stakeholdergruppen relevant: der Finanzmarkt, Akzeptanzmarkt, Beschaffungsmarkt und Absatzmarkt.[178] Diese Gruppen sind potentiell in der Lage, die Unternehmensstrategie und -erfolg positiv oder negativ zu beeinflussen. Für Unternehmen ist es wichtig, sich gegenüber diesen Gruppen zu profilieren,[179] da sich das Unternehmen mit ihnen in einer Austauschbeziehung befindet.[180] Gemeinsam bilden diese Gruppen den Stakeholder-Kompass.[181] Der CEO ist als oberster Kommunikator im Zentrum des Stakeholder-Kompass positioniert. Er sieht sich deshalb im Dialog mit den Stakeholdern mit verschiedenen Anforderungen an seine Kommunikationsaktivitäten konfrontiert (Abb. 8).

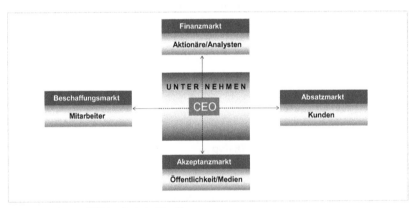

Abbildung 8: Der CEO im Stakeholder-Kompass

Quelle: Eigene Darstellung, modifiziert nach Rolke (2002), S. 18.

---

[175] Vgl. Institut für Demoskopie Allensbach (2005), S. 4. Im Rahmen der Untersuchung wurden 163 Personen befragt. Von den Befragten waren 49 Leiter Unternehmenskommunikation, 63 Journalisten, 31 Analysten und 20 Arbeitnehmervertreter in Aufsichtsräten.

[176] Vgl. Institut für Demoskopie Allensbach (2005), S. 4.

[177] Gaines-Ross (2006), S. 59.

[178] Unternehmen können zu vielen verschiedenen Gruppen Kontakt halten: Von A wie Abgeordnete zu Z wie Zentralverband, doch wirklich wichtig sind diese vier Gruppen, denen das Unternehmen besondere Aufmerksamkeit schenken sollte. Vgl. Rolke (2003b), S. 22.

[179] Vgl. Jeschke (1993), S. 73. Wenn das Unternehmen bei der Verfolgung der Unternehmensstrategie gegen rechtliche oder moralische Normen verstößt, dann droht einerseits der ökonomische Niedergang und andererseits der Entzug der „licence to operate" durch öffentliche Kritik, gesetzliche Auflagen und Glaubwürdigkeitsverlust. Vgl. Zerfaß (1996), S. 34.

[180] Vgl. Haedrich (1993), S. 253.

[181] Vgl. Rolke (2002), S. 18.

Finanzmarkt: Bei der Finanzkommunikation ist der Grad der Personalisierung der Unternehmenskommunikation am höchsten.[182] Einer der wichtigsten Ansprechpartner für die Kommunikation mit Kapitalmarktteilnehmern ist der CEO.[183] Analysten sind zum regelmäßigen Gesprächspartner des CEO avanciert,[184] denn sie beobachten die Märkte und wirken auf den Aktienkurs ein. Nach einer Untersuchung von Hill & Knowlton ist die CEO-Reputation für Analysten ein entscheidender Faktor für die Bewertung eines Unternehmens.[185] 53 Prozent der befragten Analysten benennen die Qualität des Managements als wichtigsten Faktor für das Unternehmensimage nach der finanziellen Performance.[186] Für die Beurteilung der Qualität des Managements spielt allerdings der CEO eine entscheidende Rolle, denn 87 Prozent der Analysten benannten die CEO-Reputation als wichtig.[187] Analysten begründen den Bedeutungszuwachs in der CEO-Kommunikation mit der Globalisierung der Märkte und dem härteren internationalen Wettbewerb: „Durch die Globalisierung wird die Welt kleiner. Die Welt wird durch Aktienkurse bestimmt. Aktienkurse leben von Informationen. Die Äußerungen des CEOs haben Auswirkungen auf die Aktienkurse".[188]

Auch die Beteiligung des Vorstandsvorsitzenden an der Selbstdarstellung des Unternehmens wird wichtiger, denn die Aktie bekommt durch ihn ein Gesicht.[189] Nicht umsonst wird am Kapitalmarkt auch „von einem Vorstandsbonus oder -malus, der die Aktie beflügelt oder zu Boden drückt" gesprochen.[190] Nach einer Studie der Universität Hohenheim lassen sich 48 Prozent der Aktienkäufer vom CEO-Image beeinflussen.[191] Eine Untersuchung von güttler + klewes ergab, dass die Persönlichkeit des CEO für 67 Prozent der Aktienbesitzer und 78 Prozent der potenziellen Aktienbesitzer eine wichtige Rolle für die Einschätzung des Unternehmens spielt.[192] Wenn Aktienkurse fallen, benennen 32 Prozent der Befragten die Medienbekanntheit des CEO als überzeugendes Argument, die Aktien nicht zu verkaufen. Das Image des CEO kann also auch im Krisenfall von entscheidender Bedeutung sein.

---

[182] Vgl. Becker / Müller (2004), S. 27.
[183] Vgl. PriceWaterhouseCoopers / Kirchhoff Consult (2005), S. 14.
[184] Vgl. Rolke (2002), S. 31.
[185] Vgl. Hill & Knowlton (2006), S. 2. Bei der Untersuchung wurden 282 Interviews mit Analysten weltweit geführt, die zwischen 17 und 18 Minuten dauerten.
[186] Vgl. Hill & Knowlton (2006), S. 5.
[187] Vgl. Hill & Knowlton (2006), S. 5.
[188] Institut für Demoskopie Allensbach (2005), S. 17.
[189] Vgl. Piwinger / Strauss (2002), S. 6.
[190] Piwinger / Strauss (2002), S. 8.
[191] Studie der Universität Hohenheim, zitiert in Strauss (2002), S. 2.
[192] Vgl. güttler + klewes (2001), S. 5. Bei der Untersuchung wurden 1076 Personen über 14 Jahre mit Hilfe einer mehrstufig geschichteten Zufallsstichprobe ermittelt und durch persönliche schriftliche Interviews befragt.

Akzeptanzmarkt: Die Medien gehören angesichts der Macht der Wirtschaftsmedien und dem anhaltenden Interesse an Vorstandsvorsitzenden zu den wichtigsten Stakeholdern. Denn nur Medien „haben die Macht zu segnen und zu kreuzigen".[193] Das Bild des Managers in den Köpfen der Stakeholder wird vor allem über Medien vermittelt, da die wenigsten Stakeholder ihn persönlich kennen lernen. Hinzu kommt, dass nur Medien die verschiedenen Arenen der Gesellschaft verbinden können, deshalb geht Rolke auch davon aus, dass sich ein positives Bild in den Medien bei allen Stakeholdern vorteilhaft auswirkt.[194] So gaben bei einer Untersuchung des Instituts für Demoskopie Allensbach 74 Prozent der Befragten an, dass die öffentliche Wahrnehmung des CEO für den Geschäftserfolg des Unternehmens eine große bis sehr große Bedeutung hat.[195] In den meisten Fällen kommt es nicht darauf an, wie der CEO wirklich ist, sondern wie er in den Medien dargestellt wird. Vorstandsvorsitzende, die keine Bereitschaft zeigen, Medienvertretern die Vision und den Daseinszweck des Unternehmens zu erklären, kommunizieren nach Strauss deshalb an den Bedürfnissen der Zielgruppen vorbei.[196]

Beschaffungsmarkt: Für Gaines-Ross ist die Kommunikation mit den Mitarbeitern für den CEO noch weit wichtiger als jede externe Kommunikationsleistung.[197] Zu Beginn ihrer Ausführungen über den Aufbau von CEO-Kapital ist deshalb folgendes Zitat zu finden: „In neun von zehn Fällen, in denen Sie mir ein wahrhaft großartiges Unternehmen mit einer herausragenden Kultur zeigen, das seine Wettbewerber stets hinter sich lässt, agil ist, eine hohe Arbeitsmoral und eine geringe Mitarbeiterfluktuation hat und das als zukünftiger Arbeitgeber bei Uniabsolventen heiß begehrt ist, schwöre ich, dass ich Ihnen sage: Sehen Sie sich den Mann an der Spitze an".[198] Dies entspricht auch dem Rollenbild des modernen CEO, dessen Aufgabe es ist zu führen, Mitarbeiter zu begeistern und High-Potentials ins Unternehmen zu locken.[199] Nach einer Untersuchung der Freien Universität Berlin gaben acht von zehn Befragten an, dass ein regelmäßiger, engagierter Kontakt zu den Mitarbeitern sich auch positiv auf das CEO-Image in der Öffentlichkeit auswirkt.[200] Selbst für die Rekrutierung zukünftiger Personalressourcen scheint die CEO-Reputation von großer Bedeutung zu sein. Eine Untersuchung von Burson-Marsteller ergab, dass 39 Prozent der

---

[193] Gaines-Ross (2006), S. 61.
[194] Vgl. Rolke (2002), S. 24.
[195] Vgl. Institut für Demoskopie Allensbach (2005), S. 40.
[196] Vgl. Strauss (2002), S. 11.
[197] Vgl. Gaines-Ross (2006), S.
[198] Robert „Bob" Lutz, zitiert in Gaines-Ross (2006), S. 52.
[199] Vgl. Deekeling (2003a), S. 62.
[200] Vgl. Freie Universität Berlin (2005), S. 19.

Befragten der Meinung sind, dass eine gute CEO-Reputation die Bereitschaft fördert, das Unternehmen als vorbildlichen Arbeitgeber zu empfehlen.[201]

Absatzmarkt: Nach einer Untersuchung von Publicis Sasserath beeinflusst der CEO die Markenwahrnehmung maßgeblich.[202] 78 Prozent der Umfrageteilnehmer gaben an, dass sie Interesse am Verhalten der Manager haben, wenn sie Kunde des Unternehmens sind. Weitere 64 Prozent gaben an, dass sie nicht Kunde eines Unternehmens sein wollen, wenn sich der Manager negativ verhält. So spielt das CEO-Image auch bei den Kunden eine wichtige Rolle. Es gehört dennoch nicht zu den zentralen Aufgaben eines CEO persönliche Kontakte zu Kunden zu pflegen.[203] Doch durch die öffentliche Wahrnehmung des CEO in den Medien bekommt das sonst anonyme Unternehmen ein Gesicht und eine Stimme. Die gesamten wahrgenommenen Kommunikationsaktivitäten und das Verhalten des CEO in der Öffentlichkeit scheinen so einen Einfluss auf die Akzeptanz des Unternehmens bei den Kunden zu haben. Nach einer Untersuchung von Burson-Marsteller gaben 52 Prozent der Befragten an, dass eine gute CEO-Reputation die Bereitschaft fördert, Premiumpreise für Produkte bzw. Dienstleistungen des Unternehmens zu bezahlen.[204]

Das CEO-Image und damit auch die CEO-Kommunikation sind offensichtlich für *alle* Stakeholdergruppen von großer Bedeutung. Der Unternehmensleiter muss Meinungsbildungsprozesse in ganz verschiedenen Märkten mitgestalten.[205] Er befindet sich im Zentrum des Stakeholder-Kompass, deshalb ist „seine Kommunikationsfähigkeit und sein Verständnis für jede einzelne Gruppe durch nichts zu ersetzen".[206] Die wesentliche Rolle des Vorstandsvorsitzenden für die Unternehmenskommunikation liegt darin, dem Unternehmen ein Gesicht zu geben, das Unternehmensimage nach außen darzustellen und das Unternehmen zu personifizieren.

---

[201] Vgl. Burson-Marsteller (2004), S. 6. Es wurden 600 Personen telefonisch befragt. Darunter waren Vorstände / Gesellschafter / leitendes Management (36 %), Gewerkschafter / Arbeitnehmervertreter (18 %), Politiker (18 %), Journalisten (9 %), Analysten / Banker (9 %) und Beamte / Öffentlicher Dienst (9 %).
[202] Vgl. Publicis Sasserath (2004). Es wurden 1000 Personen befragt.
[203] Vgl. Becker / Müller (2004), S. 26 ff.
[204] Vgl. Gaines-Ross (2006), S. 55.
[205] Vgl. Casanova (o. J.), S. 2.
[206] Richmond (2002), S. 61.

3.2.2 Der CEO-Einfluss auf das Unternehmensimage

Der Unternehmensleiter beeinflusst mit seinem Image und seiner Kommunikation alle Stakeholder. Der CEO-Einfluss auf die einzelnen Stakeholder ist jedoch nach den Ergebnissen verschiedener Studien unterschiedlich ausgeprägt. Nach Ansatz von Rolke lässt sich durch die Betrachtung der Stärke des CEO-Einflusses auf die Stakeholdergruppen eine Faustregel für die kommunikative Aufmerksamkeit berechnen (Abb. 9).

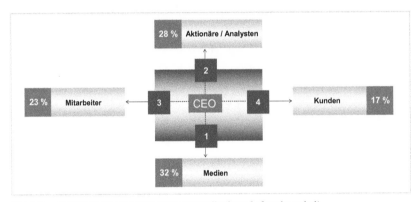

Abbildung 9: Stakeholderranking der kommunikativen Aufmerksamkeit
Quelle: Eigene Darstellung, nach Rolke (2005), S. 24.

Um eine Gewichtung der einzelnen Stakeholdergruppen für die CEO-Kommunikation zu erstellen, wurden die Ergebnisse verschiedener CEO-Studien ausgewertet.[207] Nach diesem Ansatz sollte der Unternehmensleiter den Medien die größte Aufmerksamkeit schenken. Die Medienarena ist das Zugangsportal zu allen Stakeholdern, denn der Unternehmensleiter kann sie in den meisten Fällen nur über die Medien erreichen.[208] Nach den Medien folgen die Analysten und Aktionäre auf dem Stakeholderranking. Die eigenen Mitarbeiter sollten noch vor Kunden auf dem Aufmerksamkeitsranking des Unternehmensleiters stehen.

Durch eine Vergleichsstellung der Aufmerksamkeitsgewichtung für das CEO-Image und das Unternehmensimage lässt sich nach Ansatz von Rolke die Höhe des Einflusses der CEO-Reputation auf das Unternehmensimage ableiten (Abb. 10).

---

[207] Vgl. Rolke (2005), S. 20 ff.
[208] Vgl. auch Kapitel 2 der Arbeit.

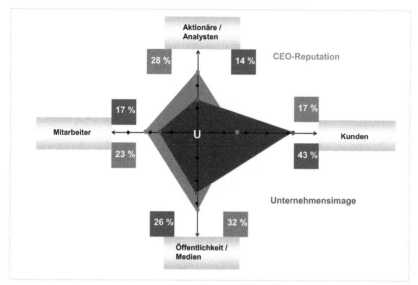

Abbildung 10: Einfluss des CEO-Images auf das Unternehmensimage
Quelle: Eigene Darstellung, nach Rolke (2005), S. 46.

Nach diesem Modell beeinflusst der CEO das Unternehmensimage zu durchschnittlich 50 Prozent. Dieses Ergebnis bestätigt auch die Untersuchung zur Korrelation zwischen den Reputationswerten des Vorstandsvorsitzenden und des Unternehmens.[209] Auch Gaines-Ross geht davon aus, dass das Image des Unternehmens zu 50 Prozent auf der CEO-Reputation beruht, deshalb sollte sie vermehrt, gepflegt und in sie investiert werden.[210] Die Meinungsbilder in den Köpfen der Stakeholder basieren vor allem auf Image und Reputation, denn sie dienen dazu die Komplexität von Sachverhalten auf wenige Merkmale zu reduzieren.[211] Der hohe Einfluss des Unternehmensleiters auf das Unternehmensimage verdeutlicht die Relevanz der CEO-Kommunikation. Nur durch eine gezielte und gute Kommunikationsleistung kann der Vorstandsvorsitzende seine Reputation bei den einzelnen Stakeholdergruppen beeinflussen. Es wird deshalb heute angenommen, dass der Unternehmensleiter durch eine überzeugende, ausgewogene und positive Kommunikation den allgemeinen Ruf des Unternehmens verbessern kann.[212]

---

[209] Vgl. auch Kapitel 3.1 der Arbeit.
[210] Vgl. Gaines-Ross (2006), S. 54.
[211] Vgl. Szyszka (2004), S. 13.
[212] Vgl. Fill (2001), S. 249.

Der Unternehmensleiter muss sich daher verstärkt in den Stakeholder-Dialog einbringen. Der Wandel der Kommunikationslandschaft zu einer Konzentration auf wertschöpfende Aktivitäten, d. h. weg von der klassischen Werbung zu einer gesamthaften, ökonomischen Betrachtung der Kommunikation,[213] unterstützt dies. Die damit verbundene Einkehr von neuen zielgerichteten und dialogorientierten Kommunikationsformen wie die Medienarbeit, das Internet und die IR und PR,[214] erfordern heute mehr denn je die Präsenz des CEO. Die Rolle des CEO in der Unternehmenskommunikation hat sich gewandelt:

> „Früher war das alles einfacher: Da gab der CEO den Visionär und überließ die Interpretation den Leitbildprozesslern, Betriebsjournalisten und „Führungskräfteleitlinienziehern". Heute muss er schon selber sagen, was er meint. Er wird zum Interpreten seiner selbst, und im Publikum sitzen jede Menge Kritiker, die rezensieren und Haltungsnoten geben. Er muss also aufpassen, was er sagt, und wissen, wie er es gemeint haben könnte. Er muss darüber hinaus wissen, wie er es sagt und dass Beweise gefordert werden. Das Publikum ist misstrauisch geworden."[215]

Vorbei sind die Zeiten, als Unternehmensleiter die Öffentlichkeitsarbeit an die Pressesprecher delegieren konnten, denn Stakeholder schauen an die Spitze des Unternehmens, um Antworten und Erklärungen zu erhalten. Das Publikum verlangt nach einem Leumund, der für das Unternehmen steht, seine Versprechen hält und selbst glaubwürdig sagt, was er meint.[216]

3.3   Kommunikation als Managementaufgabe

Die Einbindung des CEO in den Stakeholder-Dialog wird offensichtlich wichtiger. Doch Vorstandsvorsitzende sehen ihre neue Rolle in der Unternehmenskommunikation scheinbar nur sehr zögerlich ein. Obwohl die Leiter Unternehmenskommunikation die Bedeutung der CEO-Kommunikation oftmals erkannt haben, beklagen viele, dass die Beratung des Unternehmensleiters in Sachen Kommunikation in vielen Fällen nicht einfach ist: „Von „beratungsresistent" ist dabei häufig die Rede, von Top-Managern, die die Bedeutung ihrer Kommunikation entweder nicht klar genug erkennen oder die die Ratschläge ihrer internen oder externen Berater ablehnen".[217] Eine Umfrage des Instituts für Demoskopie Allenbach hat ergeben, dass die meisten befragten Experten denken, dass viele Unternehmensleiter einen unsensiblen Umgang mit der Öffentlichkeit praktizieren. Nach Mei-

---

[213] Vgl. Mercer Management Consulting (2003), S. 9.
[214] Definition siehe Anhang I.
[215] Deekeling (2003a), S. 62.
[216] Vgl. Buß / Fink-Heuberger (2000), S. 170 ff.
[217] Huck (2006), S. 63.

nung der Befragten haben „noch längst nicht alle CEOs genügend Sensibilität für die Herausforderungen durch veränderte Verhaltenserwartungen entwickelt".[218]

Es fehlt möglicherweise die Zeit sich mit dem Thema Kommunikation auseinanderzusetzen. Die Agenda des CEO ist voll, Zahlenwerke wie ROI oder EVA scheinen von primärer Bedeutung.[219] In der Managementpraxis zählen vor allem Logik, Rationalität und Prozessdenken.[220] Dass ihre Kommunikationsleistung einen großen Einfluss auf den Unternehmenswert und damit auch auf die Zahlenwerke haben könnte, wird von vielen offensichtlich ignoriert. Es scheint in den Chefetagen an einer übergreifenden Betrachtung der Zusammenhänge und Wirkungsmechanismen zu fehlen. Die Dringlichkeit und die Auswirkungen der CEO-Kommunikation sind von vielen Unternehmensleitern – und auch Unternehmen - scheinbar noch nicht vollständig wahrgenommen worden.

Anhand einiger Beispiele soll der Einfluss der CEO-Kommunikation auf den Unternehmenserfolg dargestellt werden. Als Josef Ackermann, Vorstandssprecher der Deutschen Bank AG, Anfang 2004 zum Mannesmann-Prozess erschien, zeigte er den Fotografen ein „Victory-Zeichen". Die Frankfurter Allgemeine Zeitung titelte wenige Tage später:

„Josef Ackermann setzt auf Sieg. Im kollektiven Gedächtnis wird vom Mannesmann-Prozess eine Geste haften bleiben: die zwei zum „Victory"-Symbol gestreckten Finger, mit denen Ackermann (...) umringt von Fernsehkameras und Fotoapparaten, lachend seine Siegeszuversicht verströmte. Eine kleine Pose nur, doch das öffentliche Echo ist verheerend".[221]

Nach Untersuchungen von Medien Tenor war Ackermann der Vorstandsvorsitzende mit der höchsten Anzahl an Meldungen in der Wirtschaftsberichterstattung im Jahr 2004 (Abb. 11).[222]

---

[218] Institut für Demoskopie Allenbach (2005), S. 22.
[219] ROI ist eine Kennziffer, die den Beitrag zum Unternehmenserfolg messbar macht. Kommunikationskosten fließen zwar in die betriebliche Unternehmensplanung ein, doch die Möglichkeit den Erfolg zu messen und periodisch zu bewerten ist heute bei der Kommunikation nur bedingt möglich. Vgl. Piwinger (2002), S. 4. Dies mag auch erklären, dass Kommunikation bei den Unternehmensleitern noch nicht die notwendige Aufmerksamkeit erfährt.
[220] Vgl. Deekeling (2004), S. 66.
[221] Zitiert in Neumann / Ross (2004), S. 12.
[222] Vgl. Medien Tenor (2005), S. 53. Der Erhebungszeitraum war von 01.01.2004 bis 31.12.2004; Basis der Untersuchung waren 506.751 Passagen über Personen (mind. 5 Zeilen / Sek.) in 33 deutschen Medien.

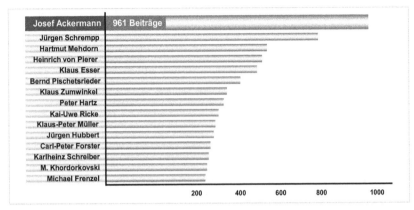

Josef Ackermann	961 Beiträge				
Jürgen Schrempp					
Hartmut Mehdorn					
Heinrich von Pierer					
Klaus Esser					
Bernd Pischetsrieder					
Klaus Zumwinkel					
Peter Hartz					
Kai-Uwe Ricke					
Klaus-Peter Müller					
Jürgen Hubbert					
Carl-Peter Forster					
Karlheinz Schreiber					
M. Khordorkovski					
Michael Frenzel					
	200	400	600	800	1000

Abbildung 11: Vorstandsvorsitzende in den Medien
Quelle: Eigene Darstellung, nach Medien Tenor (2005), S. 53.

Eine Untersuchung der Berichterstattung über Ackermann durch Medien Tenor ergab weiterhin, dass die Bewertung mit 63 Prozent größtenteils negativ war.[223] Roland Schatz, Chef des Instituts Medien Tenor, kommentierte den Auftritt mit dem Victory-Zeichen damit, dass die Deutsche Bank AG sich nicht um ihr Image kümmere.[224] Eine ähnliche Auffassung wird von Brandstätter vertreten, der in Ackermann ein Beispiel für einen Manager sieht, der von PR, Kommunikation und Reputation nichts verstanden hat.[225] Die Annahme, dass Vorstandsvorsitzende ein ausgeprägtes Bewusstsein für Reputation als den Unternehmenswert beeinflussenden Faktor haben,[226] lässt sich in diesem Fall tatsächlich nur bedingt erkennen.

Ein Blick auf die Börsenkurse der Deutschen Bank AG in dieser Zeit liefert ein weiteres Indiz dafür, dass die CEO-Kommunikation einen Einfluss auf den Unternehmenswert haben könnte (Abb. 12).

---

[223] Vgl. Schatz (2004b).
[224] Vgl. Schatz (2004b).
[225] Vgl. Brandstätter (2006), S. 37.
[226] Vgl. Bentele / Buchele / Hoepfner / Liebert (2003), S. 33.

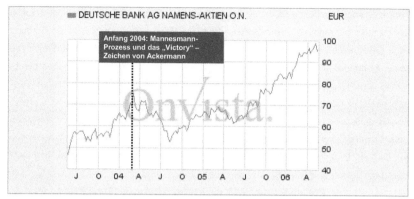

Abbildung 12: Entwicklung des Aktienkurses bei der Deutschen Bank AG
Quelle: Eigene Darstellung, nach Onvista (2006a).

Der Fall der Aktienkurse der Deutschen Bank AG nach dem Mannesmann-Prozess kann viele Gründe haben. Es ist anzunehmen, dass die negative Medienberichterstattung über den Vorstandsvorsitzenden einer dieser Gründe gewesen sein könnte. Aufgrund der hohen Korrelation zwischen CEO-Image und Unternehmensimage und der Tatsache, dass das Unternehmensimage zu ca. 50 Prozent auf dem CEO-Image beruht, könnte angenommen werden, dass die Kommunikationsleistung des Vorstandsvorsitzenden Einfluss auf das Unternehmensimage und den Unternehmenserfolg hatte.

Als Jürgen Schrempp, ehemaliger Vorstandsvorsitzender der DaimlerChrysler AG, Ende Juli 2005 überraschend seinen Rücktritt erklärte, stiegen die Börsenkurse (Abb. 13).

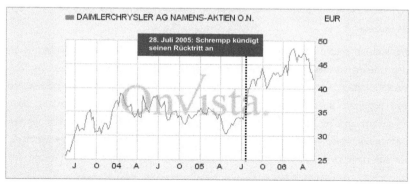

Abbildung 13: Entwicklung des Aktienkurses bei der DaimlerChrysler AG
Quelle: Eigene Darstellung, nach Onvista (2006b).

39

Wie im Fall der Deutschen Bank AG könnte diese Entwicklung viele Gründe haben. Es ist jedoch auch als Indiz dafür anzusehen, dass der Markt kein Vertrauen in die Führung hatte. Und dieses Vertrauen in den Unternehmensleiter und seine Strategie wird auch von seiner Kommunikationsleistung bestimmt. Nur wenn er seine Ziele und Visionen glaubwürdig vermittelt, kann er Reputationskapital bei den Anspruchsgruppen aufbauen. Deshalb bewertet Casanova den Kurssprung der DaimlerChrysler-Aktie als einen weiteren Beweis dafür, wie groß der Einfluss des CEO auf den Aktienkurs sein kann.[227] Nach den Untersuchungen von Brettschneider verbessert sich das Medienimage des Unternehmens seit dem Rücktritt von Schrempp kontinuierlich.[228] Das liegt nach seiner Auffassung nicht zuletzt am Vertrauen der Medien in den neuen CEO Dieter Zetsche.

Es gibt auch andere Beispiele, die verdeutlichen, dass der Unternehmenschef das Image des Unternehmens positiv beeinflussen kann. Als Thomas Middelhoff im Jahr 2005 den Posten des Vorstandsvorsitzenden bei der KarstadtQuelle AG übernahm, befand sich das Unternehmen in einer Krise. Innerhalb weniger Monate erreichte Middelhoff einen Imagewandel des Unternehmens und zeigte damit, dass ein gutes CEO-Image positive Abstrahleffekte für das Unternehmen erzeugen kann. Dies beweist auch die Tatsache, dass Middelhoff im Jahr 2006 als einer der besten Vorstandsvorsitzenden Deutschlands bewertet wird und sich das Unternehmensimage verbessert hat.[229] Es ist ein Indiz dafür, dass der CEO nachweislich einen großen Einfluss auf das Unternehmensimage haben kann. Die beschriebenen Beispiele könnten prominente Einzelfälle darstellen. Doch auch David Larcker, Professor an der Wharton School der Universität von Pennsylvania, kam zu ähnlichen Ergebnissen. Nach seinen Untersuchungen bewirkte eine positive Veränderung von zehn Prozent im Ansehen einer der CEOs, die in einer Burson-Marsteller-Studie von 1999 betrachtet wurden, eine Steigerung des Marktwertes des Unternehmens von 24 Prozent.[230]

Die Indizien deuten darauf hin, dass ein positives Bild des CEO in der Öffentlichkeit für den Unternehmenswert von großer Bedeutung ist. Es ist anzunehmen, dass der Vorstandsvorsitzende mit seinem Image und seiner Kommunikation Einfluss - negativen wie auch positiven - auf den Erfolg des Unternehmens haben kann. Birkelbach bestätigt diese Einschätzung: „Der auftretende Spitzenmanager ist die Person, die das Unternehmen nach außen vertritt – er ist die Identifikationsfigur, die Personifizierung des Unternehmens. Dessen negatives Erscheinungsbild führt unweigerlich zu einem negativen Image des

---

[227] Vgl. Casanova (o. J.), S. 1.
[228] Vgl. Brettschneider (2006), S. 1.
[229] Vgl. auch Kapitel 3.1 und Anhang II der Arbeit.
[230] Vgl. Gaines-Ross (2006), S. 57.

Unternehmens, und umgekehrt kann ein Unternehmen sehr von einem hohen Sympa-thiewert seines Spitzenmanagers profitieren".[231] Auch nach Auffassung von Casanova hat der CEO nachweislich einen „großen Einfluss auf die Perzeption der Unternehmens-marke, da er selber als zentraler Vertreter der Unternehmensmarke und Chef-Kommuni-kator der Kernbotschaften beurteilt wird".[232]

Da der Unternehmensleiter offenkundig einen großen Einfluss auf den Unternehmenswert haben kann, stellt sich die Frage, anhand welcher Faktoren er bewertet wird. Bei einer Untersuchung des Institutes für Demoskopie Allenbach wurden die Experten aufgefordert, den besten CEO Deutschlands zu wählen. Daraufhin wurden die Befragten gebeten, die-jenigen Faktoren zu benennen, die für die Wahl eine Rolle gespielt haben (Abb. 14).[233]

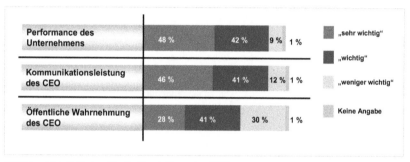

Abbildung 14: Kriterien für die Beurteilung des CEO
Quelle: Eigene Darstellung, nach Institut für Demoskopie Allensbach (2005), S. 37.

Die Ergebnisse verdeutlichen die enorme Bedeutung der CEO-Kommunikation für das Gesamturteil seiner Leistungen. Für die Wahl spielte bei den Befragten nach der Perfor-mance des Unternehmens die Kommunikationsleistung mit 46 Prozent und die öffentliche Wahrnehmung mit 28 Prozent eine sehr wichtige Rolle.[234] Insgesamt gaben 87 Prozent der Befragten an, dass die Kommunikationsleistung des Unternehmensleiters eine wich-tige bis sehr wichtige Rolle für seine Beurteilung spielte. Eine gute Performance des Un-ternehmens scheint nicht mehr auszureichen. Vielmehr deuten die Ergebnisse darauf hin, dass der CEO auch maßgeblich nach seiner Kommunikationsleistung und öffentlichen Wahrnehmung bewertet wird. Aufgrund dieser veränderten Beurteilungskriterien meint

---

[231] Birkelbach (2004), S. 92.
[232] Casanova (2004), S. 55.
[233] Vgl. Institut für Demoskopie Allensbach (2005), S. 32.
[234] Vgl. Institut für Demoskopie Allensbach (2005), S. 37.

Güttler, dass es an der Zeit ist in den deutschen Chefetagen umzudenken.[235] Es sind längst nicht mehr alleine die strategischen Stärken des Unternehmensleiters, die von Bedeutung sind. Kommunikation muss deshalb zur Managementaufgabe werden. Eine Untersuchung von Burson-Marsteller bestätigt dies: 77 Prozent der Befragten sehen Öffentlichkeitsarbeit als Chefsache an.[236]

3.4 Zwischenfazit

Während in Kapitel 2 die Bedingungen der Mediengesellschaft als Ausgangspunkt für den Bedeutungszuwachs in der CEO-Kommunikation betrachtet wurden, ging es in diesem Kapitel der Arbeit um die Perspektive der Unternehmen. Wenn Unternehmen – und Experten - der CEO-Kommunikation mehr Beachtung schenken, dann nicht zuletzt, da sie von einer Wertsteigerung für das Unternehmen ausgehen. Diese Annahme hat sich bestätigt. Die CEO-Reputation kann den Unternehmenserfolg wesentlich beeinflussen. Es besteht ein statistisch nachweisbarer Zusammenhang zwischen CEO-Image und Unternehmensimage. Das Unternehmensimage beruht zu durchschnittlich 50 Prozent auf der Reputation der Unternehmensspitze. Der Spitzenmanager muss daher ein gutes Bild in der Öffentlichkeit abliefern.[237] Die Rolle des CEO in der Unternehmenskommunikation hat sich aufgrund dieser Erkenntnisse gewandelt. Der Unternehmensleiter sollte durch eine gute Kommunikationsleistung die Reputationskonstitution bei den einzelnen Stakeholdergruppen beeinflussen. Denn der CEO wird heute auch maßgeblich nach seiner Kommunikationsleistung und öffentlichen Wahrnehmung bewertet.

Wie die Führungsspitze wahrgenommen wird, kann heute auch wettbewerbsentscheidend sein. Kommunikation muss deshalb zur Managementaufgabe werden. Dennoch wird die Bedeutung der CEO-Kommunikation scheinbar oftmals unterschätzt. Obwohl der Wert von Kommunikation und immateriellen Vermögenswerten wie Reputation und Image zunehmend anerkannt wird, fehlt es in den deutschen Chefetagen oftmals immer noch an einer übergreifenden Betrachtung der Zusammenhänge und Wirkungsmechanismen. Die Kommunikationsleistung des CEO und seine Reputation schlagen sich durchaus in der Bilanz nieder, wenn auch indirekt. Denn eine strategisch geplante CEO-Kommunikation kann den Aufbau einer guten Reputation des Vorstandsvorsitzenden unterstützen und somit den Unternehmenswert positiv beeinflussen.

---

[235] Vgl. güttler + klewes (2001), S. 2.
[236] Vgl. Burson-Marsteller (2004), S. 3.
[237] Vgl. Institut für Demoskopie Allensbach (2005), S. 18.

3.5 Stand der Forschung

Aufgrund der Entwicklungen scheint klar: Die CEO-Kommunikation sollte systematisch geplant und gemanagt werden. Auch Gaines-Ross meint, dass heute kein Unternehmen mehr daran vorbeikommt „die Bedeutung der Reputation seines CEOs anzuerkennen, und jedes Unternehmen muss Zeit darauf verwenden, die Bestandteile der Entwicklung des CEO-Kapitals zu erkennen, seine Fundamente zu verstehen und diesen überaus wichtigen Vermögenswert des Unternehmens zu managen".[238] Denn die Reputation entsteht nicht von alleine, sondern muss systematisch aufgebaut, geplant und gepflegt werden.[239] Eine erfolgreiche CEO-Kommunikation setzt notwendigerweise – wie andere Kommunikationsmaßnahmen des Unternehmens auch - eine Strategie voraus.

Es gibt heute einige Strategische Modelle für das Management der CEO-Reputation bzw. Kommunikation. Gaines-Ross hat das Modell des CEO-Kapitals entwickelt.[240] Dabei gibt es verschiedene Etappen, die zu erreichen sind. So ist ihre Empfehlung für die ersten hundert Tage, dass der CEO die Verantwortung für das Unternehmen schnell und glaubwürdig übernehmen und die Agenda definieren muss. Es ist jedoch anzunehmen, dass dies grundsätzlich in den Aufgabenbereich des CEO fallen sollte. Es deutet daher nicht unbedingt auf den konsequenten Aufbau der Reputation hin. Danach hat der Unternehmensführer nach Gaines-Ross noch 265 Tage Zeit, um sich um den Aufbau des CEO-Kapitals zu kümmern, sich zu einer strategischen Vision zu bekennen und das Unternehmen positiv zu verändern. Casanova sieht den CEO als Marke an, der mit der Unternehmensmarke symbiotisch verbunden ist.[241] Da sich die Marken nach diesem Ansatz gegenseitig beeinflussen, sollte die Marke CEO sich den Regeln der modernen Markenführung unterwerfen. Durch ein gezieltes Management der CEO-Reputation soll ein Imagetransfer zugunsten der Kernwerte der Marke ermöglicht werden.

Um einen strategischen Aufbau der CEO-Reputation zu ermöglichen, sind nach dem Modell von Gaines-Ross die wichtigsten Faktoren, dass der Unternehmensleiter glaubwürdig wirkt, ethische Standards und eine klare Vision nach innen kommuniziert.[242] Nach Casanova ermöglicht eine Analyse der Wirkung einzelner Leistungsdimensionen auf die Reputation und auf die Kernwerte der Marke Anhaltspunkte für die Optimierung der subjektiv

---

[238] Gaines-Ross (2006), S. 53.
[239] Vgl. Gaines-Ross (2006), S. 65.
[240] Vgl. Gaines-Ross (2003), S. 1 ff. Den Begriff CEO-Kapital beschreibt Gaines-Ross als den Vermögenswert, der auf der CEO-Reputation beruht und umfasst die Wahrnehmung, die alle Stakeholder des Unternehmens über den CEO haben.
[241] Vgl. Casanova (2004), S. 55.
[242] Vgl. Gaines-Ross (2006), S. 67.

wahrgenommenen Leistung des CEO.[243] Es wird jedoch nicht erkenntlich, wie die verwendeten Leistungsdimensionen kommunikativ an die Stakeholder gebracht werden können. Burson-Marsteller geht in der CEO-Studie 2001 davon aus, dass Bekanntheit ein zentraler Erfolgsfaktor für die CEO-Reputation ist.[244] Im Rahmen der gleichen Studienreihe kommt Burson-Marsteller 2004 zu dem Ergebnis, dass die Verbesserung der Fremdwahrnehmung nicht wie bislang geglaubt, in einer stärkeren öffentlichen Präsenz liegt, sondern vielmehr im kontinuierlichen Aufbau einer differenzierten Positionierung.[245] Eine Studie von Oliver, Wyman & Company identifizierte den Tycoon-Faktor.[246] Das Ergebnis dieser Studie lässt sich damit zusammenfassen, dass die bekanntesten Vorstandschefs angeblich die „schwersten Pleiten bauen". Auch Gaitanides hat sich mit dem Thema Managerstars beschäftigt und kam zu dem Ergebnis, dass der Vorteil bei einem Managerstar darin liegt, dass er seine Reputation mit ins Unternehmen bringt und auch versucht diesem Image zu entsprechen.[247] Bei einer Untersuchung des Instituts für Demoskopie Allensbach wurde die Frage gestellt, was einen guten Kommunikator an der Unternehmensspitze auszeichnet.[248] Die Antworten umfassten eine Vielzahl von Faktoren, von Präsentationsgeschick bis hin zu Entscheidungsfreude.

Die Durchsicht der einschlägigen Literatur belegt, dass scheinbar keine Klarheit über die Erfolgsfaktoren der CEO-Kommunikation herrscht. In vielen Fällen sind die Aufsätze und Studien widersprüchlich. Sie können daher nur bedingt als Grundlage für eine erfolgreiche Kommunikationsstrategie des Vorstandsvorsitzenden herangezogen werden. Es fehlt an einem fundierten, vollständigen Überblick derjenigen Faktoren, die Erfolg versprechen. So verwundert es nicht, dass die Notwendigkeit der Planung und des Managements der CEO-Kommunikation in den Chefetagen noch nicht die notwendige Aufmerksamkeit erfährt. Das mag mitunter auch darin liegen, dass mangelnde Klarheit darüber herrscht, welche Faktoren Erfolg versprechen. Mit dieser Fragestellung beschäftigt sich der folgende Teil der Arbeit. Es sollen die Erfolgsfaktoren identifiziert werden, um den Aufbau einer Strategie für die CEO-Kommunikation überhaupt erst zu ermöglichen.

---

[243] Vgl. Casanova (2004), S. 60.
[244] Vgl. Burson-Marsteller (2001), S. 7. Bei der Untersuchung wurden 200 Vorstandsvorsitzende, 200 Mitglieder der Geschäftsführung, 200 Politiker, 100 Angestellte und Beamte aus dem öffentlichen Dienst, 50 Journalisten und 50 Finanzanalysten telefonisch interviewt.
[245] Vgl. Burson-Marsteller (2004), S. 9.
[246] Vgl. Gillies (2002).
[247] Vgl. Gaitanides (2004), S. 15.
[248] Vgl. Institut für Demoskopie Allensbach (2005), S. 28.

III Erfolgsfaktoren der CEO-Kommunikation

4. Gang der empirischen Untersuchung

4.1 Methodischer Ansatz

Angesichts der steigenden Bedeutung der CEO-Kommunikation stellt sich die Frage, wie diese an die wachsenden Herausforderungen angepasst werden kann. Es hat sich gezeigt: Jedes Unternehmen sollte die CEO-Kommunikation strategisch planen und zu seinem Vorteil nutzen. Die empirische Untersuchung in diesem Teil der Arbeit hat zum Ziel, die Erfolgsfaktoren der CEO-Kommunikation zu identifizieren. Denn um eine erfolgreiche Kommunikationsstrategie zu entwickeln ist es von Bedeutung zu wissen, welche Faktoren einer erfolgreichen CEO-Kommunikation zu Grunde liegen. Die Kommunikation des Unternehmensleiters kann dadurch optimiert, gezielt geplant und gesteuert werden. Eine Strategie für die CEO-Kommunikation kann nur von einem stabilen Fundament getragen werden. Die Erfolgsfaktoren bilden die Bausteine, die ein stabiles Fundament ergeben. Unter Erfolgsfaktoren werden diejenigen Treiber verstanden, die dem Erfolg der CEO-Kommunikation zugrunde liegen. Es sind die Faktoren, die als Voraussetzung für eine optimale Kommunikationspolitik betrachtet werden können. Dabei stehen nicht die kommunikativen Vorkehrungen und Verfahren, d. h. instrumentelle Grundlagen der Kommunikation, im Vordergrund. Es soll vielmehr darauf eingegangen werden, welche qualitativen Kommunikationsausprägungen eine erfolgreiche CEO-Kommunikation beinhalten sollte. Nichtsdestotrotz sollen nach der Analyse der Erfolgsfaktoren Konzepte und Maßnahmen vorgestellt werden, welche dazu dienen können die Erfolgsfaktoren umzusetzen.

Die Thematik der CEO-Kommunikation ist bislang nur unzulänglich erforscht. Es gibt heute zwar in verschiedenen Büchern und Aufsätzen Anhaltspunkte dafür, dass das Thema CEO-Kommunikation die Kommunikationswissenschaftler und Experten beschäftigt.[249] Trotzdem ist die Erforschung dieser Thematik als defizitär zu bezeichnen. Ein Großteil der Literatur, die die Kommunikation von Managern thematisiert, konzentriert sich bislang auf die Auftrittsberatung oder das Medientraining.[250] In den letzten Jahren sind verschiedene Studien über die Rolle des CEO in der Unternehmenskommunikation und

---

[249] Vgl. exemplarisch Gaines-Ross (2003), Becker / Müller (2004), Nessmann (2005), Richmond (2002), Casanova (2004), Hochegger / Gaines-Ross (2006).

[250] Vgl. exemplarisch Wachtel / u. a. (2004): Corporate Speaking. Auftritte des Spitzenmanagements. Kirchner / Brichta (2002): Medientraining für Manager. Neumann / Ross (2004): Der perfekte Auftritt. Erste Hilfe für Manager in der Öffentlichkeit.

den Einfluss der CEO-Reputation auf den Unternehmenswert durchgeführt worden.[251] Hauptsächlich wird dabei auf die Tatsache eingegangen, *dass* der Vorstandsvorsitzende einen großen Einfluss auf das Unternehmensimage und den Unternehmenswert haben kann. Obwohl diese Studien den Einfluss des CEO-Images auf das Unternehmensimage aus verschiedenen Perspektiven – Aktionäre, Analysten, Kunden oder Kommunikations-experten – beleuchten, liefern die Studien darüber hinaus bislang meist wenig neue Ein-sichten in die Thematik der CEO-Kommunikation. Ein Großteil der Studien und Aufsätze verdeutlicht lediglich die hohe Bedeutung der CEO-Kommunikation, ohne daraus klare Folgeergebnisse abzuleiten. Zudem sind die Studien oftmals widersprüchlich und können deshalb nur bedingt als Grundlage für den Aufbau einer Strategie für die CEO-Kommuni-kation genutzt werden. Es fehlt folglich immer noch an einem übergreifenden Strategi-schen Modell der CEO-Kommunikation.

Aufgrund der Tatsache, dass die Thematik der CEO-Kommunikation bislang kaum er-forscht ist und nur wenig einschlägige Literatur vorhanden ist, soll bei der Untersuchung der Erfolgsfaktoren unten abgebildetes Schemata verwendet werden (Abb. 15).

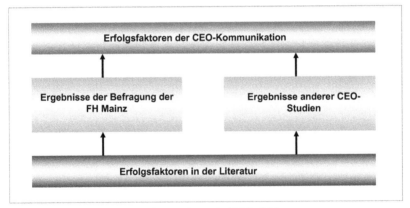

Abbildung 15: Schemata für die Untersuchung der Erfolgsfaktoren
Quelle: Eigene Darstellung

---

[251] Vgl. exemplarisch CEO-Studien von Burson-Marsteller (2001/2004), Publicis Sasserath (2004), Institut für Demoskopie Allensbach (2005), Freie Universität Berlin (2005) und Hill & Knowlton (2006). Alle Studien weisen darauf hin, dass der CEO großen Einfluss auf das Image und den Erfolg des Unternehmens haben kann.

In einem ersten Schritt sollen Faktoren, die in der Literatur einer erfolgreichen Unternehmenskommunikation oder einem erfolgreichen Markenmanagement zugrunde liegen und Aussagen, die zum Thema CEO-Kommunikation vorliegen, in Verbindung gebracht werden. Daraufhin sollen diese Faktoren geprüft werden. Hierzu werden die Ergebnisse einer empirischen Untersuchung zum Thema CEO-Kommunikation genutzt, die an der FH Mainz unter Leitung von Prof. Dr. Lothar Rolke durchgeführt wurde und nachfolgend vorgestellt wird. Soweit nicht anders vermerkt, beziehen sich die empirischen Daten auf diese Untersuchung, die dieser Arbeit in einem separaten Materialienband beigefügt ist. Darüber hinaus sollen auch andere CEO-Studien genutzt werden, die in den letzten Jahren durchgeführt worden sind, um die Ergebnisse der FH Mainz zu vervollständigen oder sie mit ihnen zu vergleichen.[252] So kann in diesem Teil der Arbeit die Theorie mit der Praxis verglichen, theoretische Aspekte der CEO-Kommunikation bewiesen und widersprüchliche Aussagen genauer untersucht werden. Zuletzt sollen die Erfolgsfaktoren dann aufgrund der Beweise bestätigt und mögliche Ansätze zur Umsetzung der Erfolgsfaktoren vorgestellt werden.

4.2 Befragung zur CEO-Kommunikation

Es erschien unmöglich die Unternehmensleiter selbst zum Thema CEO-Kommunikation zu befragen. Deshalb wurden diejenigen Personen befragt, die den CEO kommunikativ begleiten und unterstützen. Der Fragebogen zur CEO-Kommunikation wurde an 600 Leiter Unternehmenskommunikation der umsatzstärksten Unternehmen Deutschlands versandt. Er bestand aus insgesamt 48 Fragen und ist dieser Arbeit in einem separaten Materialienband beigefügt. Die Erhebungsphase dauerte vom 27. April bis 16. Juni 2006. Nach Ende der Erhebungsphase hatten 137 Personen den Fragebogen ausgefüllt.

Von den befragten Kommunikationschefs arbeiten 28,15 Prozent in einem Unternehmen, das überwiegend im Bereich Produktion / Rohstoffgewinnung tätig ist.[253] Annähernd die Hälfte der teilnehmenden Personen arbeitet in einem Dienstleistungsunternehmen (48,15 Prozent). 23,70 Prozent der Befragten arbeiten in einem Unternehmen, das beide Leistungen erbringt. Fast die Hälfte der Befragten gab an, in einem Unternehmen zu arbeiten, das einen Umsatz zwischen einer Milliarde und fünf Milliarden hat (Abb. 16). Insgesamt gaben acht von zehn Befragten an, in einem Unternehmen zu arbeiten, das einen Umsatz von einer Milliarde und mehr hat.

---

[252] Die CEO-Studien, mit denen im Rahmen dieser Arbeit am häufigsten gearbeitet wurde, sind dem Materialienband zur Diplomarbeit beigefügt.
[253] Vgl. Ergebnisse der Befragung zur CEO-Kommunikation.

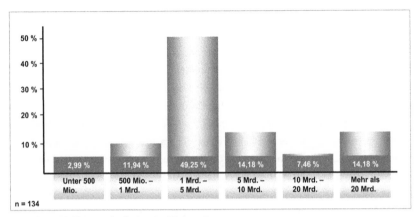

n = 134

Abbildung 16: Umsatz der befragten Unternehmen
Quelle: Eigene Darstellung, nach Ergebnissen der Befragung zur CEO-Kommunikation.

Mehr als drei Viertel der Befragten gab an, mehrmals wöchentlich Kontakt zum Vorstandsvorsitzenden zu haben (Abb. 17). Weitere 10,95 Prozent der Teilnehmer haben üblicherweise mindestens einmal in der Woche Kontakt zum CEO. Insgesamt neun von zehn Befragten haben mindestens einmal wöchentlich Kontakt zum Unternehmensleiter. Es konnten die Personen erreicht werden, die dem CEO nahe stehen und ihn kommunikativ beraten und begleiten.

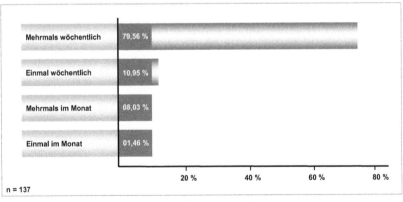

n = 137

Abbildung 17: Kontakt der Befragten zum Vorstandsvorsitzenden
Quelle: Eigene Darstellung, nach Ergebnissen der Befragung zur CEO-Kommunikation.

Von den befragten Kommunikationschefs gab mehr als die Hälfte an, dass es eine eigene Strategie für die CEO-Kommunikation gibt (Abb. 18). Es bestätigt die Annahme, dass der CEO heute eine immer wichtigere Rolle in der Unternehmenskommunikation einnimmt. Das Thema CEO-Kommunikation scheint die befragten Kommunikationsverantwortlichen tatsächlich auch in der Praxis zu beschäftigen. Trotzdem verfolgt beinahe die Hälfte der befragten Unternehmen noch keine Strategie für die CEO-Kommunikation. Dies deutet darauf hin, dass viele Unternehmen die Bedeutung des CEO-Images und die Auswirkungen auf das Unternehmensimage noch nicht erkannt haben bzw. noch nicht gezielt daran arbeiten.

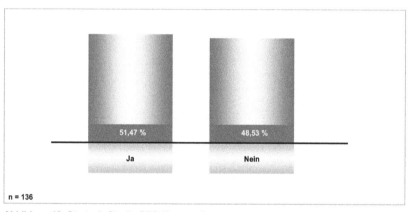

n = 136

Abbildung 18: Strategie für die CEO-Kommunikation
Quelle: Eigene Darstellung, nach Ergebnissen der Befragung zur CEO-Kommunikation.

Die Befragten gaben an, dass die Kommunikationsabteilung durchschnittlich 19,60 Prozent der Arbeitszeit für die Kommunikationsmaßnahmen des Vorstandsvorsitzenden verwendet.[254] Es dreht sich zwar nicht alles um den Chef. Dennoch scheint die Kommunikationsabteilung bereits einen nicht unwesentlichen Teil der Arbeitszeit für Kommunikationsaktivitäten des CEO aufzubringen. Der Vorstandsvorsitzende selbst setzt durchschnittlich 17,90 Prozent seiner Arbeitszeit für die Kommunikation ein.[255] Es stellt sich jedoch die Frage, ob der Zeitaufwand für die CEO-Kommunikation aufgrund der aufgezeigten Entwicklungen ausreichend ist.

---

[254] Vgl. Ergebnisse der Befragung zur CEO-Kommunikation.
[255] Vgl. Ergebnisse der Befragung zur CEO-Kommunikation.

Es scheint eine enge Abstimmung der Kommunikationsmaßnahmen mit dem Vorstandsvorsitzenden zu geben (Abb. 19). Neun von zehn Teilnehmern gaben an, dass wichtige
Zitate mit dem CEO direkt abgestimmt werden. Weitere 90,51 Prozent stimmen die ge-
samte Kommunikationsstrategie mit dem Unternehmensleiter ab. Außerdem gaben sieben von zehn Kommunikationschefs an, dass wichtige Issues mit dem CEO direkt abgestimmt werden.

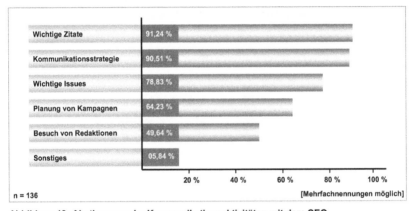

Abbildung 19: Abstimmung der Kommunikationsaktivitäten mit dem CEO
Quelle: Eigene Darstellung, nach Ergebnissen der Befragung zur CEO-Kommunikation.

Die Ergebnisse verdeutlichen zunächst einmal, dass die Thematik der CEO-Kommunikation Unternehmen in der Praxis beschäftigt. Die Hälfte der befragten Unternehmen verfolgt eine eigene Strategie für die CEO-Kommunikation und versucht so die Kommunikationsleistung des Unternehmensleiters gezielt zu optimieren. Es ist im Rahmen der Befragung gelungen, die Verantwortlichen der CEO-Kommunikation zu erreichen. Die meisten
Teilnehmer haben regelmäßigen, direkten Kontakt zum Vorstandsvorsitzenden. Sie stimmen viele Kommunikationsaktivitäten mit dem Unternehmensleiter ab. Ihre Einschätzung
der aktuellen Situation der CEO-Kommunikation in ihrem Unternehmen ist ein wertvoller
Beitrag, um die Erfolgsfaktoren zu identifizieren.

5. Analyse der Erfolgsfaktoren

5.1 Erfolgsfaktor Medienkompetenz

Unternehmen agieren heute unter den Bedingungen der Mediengesellschaft. Sie können nicht, sie *müssen* sich an diese neuen Bedingungen anpassen.[256] Nur Medien sind in der Lage die Kommunikation mit den Stakeholdern zu ermöglichen. Hinzu kommt, dass das Bild vom Unternehmen in den Köpfen der Stakeholder vor allen Dingen ein medial vermitteltes Bild ist. Es kommt immer weniger darauf an, wie etwas tatsächlich ist, sondern wie etwas in den Medien dargestellt wird. Wer in das Blickfeld der anderen zu rücken möchte, der kommt an den Massenmedien nicht mehr vorbei.[257] Denn die Medien übernehmen heute eine Schlüsselrolle in der öffentlichen Kommunikation. Das Verstehen der Medienlogik und der kompetente Umgang mit den Medien scheint eine wichtige Grundlage zu sein, um in einer Mediengesellschaft erfolgreich kommunizieren zu können.[258]

5.1.1 Bedeutung der Medienkompetenz für den CEO

Nicht nur Unternehmen, sondern auch Vorstandsvorsitzende befinden sich heute im Fokus der Medien. So wird Medienkompetenz auch für Unternehmensleiter wichtiger. Medienkompetenz bezieht sich dabei auf die Fähigkeiten und Kenntnisse adäquat mit Medien umzugehen wie z. B. das Wissen um Produktionsbedingungen oder Selektionskriterien der Medien, Medienwirkungen oder den Einsatz von Medien zur Gestaltung und Vermittlung eigener Botschaften.[259] Während Medienauftritte der Vorstandsvorsitzenden vor 20 Jahren eher die Ausnahme waren, gehören sie heute zu einer Pflichtveranstaltung für das Management. Rolke geht davon aus, dass es in großen Unternehmen kaum noch einen Vorstandsvorsitzenden gibt, der noch nicht ein Medientraining absolviert hat.[260] Unternehmensleiter werden zunehmend dazu gezwungen, öffentlich Stellung zu beziehen. Nach Wachtel ist der Vorstandsvorsitzende deshalb „heute nicht nur ein stiller Macher, der sich ganz wie zu Zeiten der alten Deutschland AG, nicht rechtfertigen muß."[261] Der CEO sieht sich in dieser Rolle mit ganz neuen Vermittlungsleistungen konfrontiert, die

---

[256] Vgl. auch Kapitel 2 der Arbeit.
[257] Vgl. Rolke (2003a), S. 154.
[258] Vgl. Radunski (2002), S. 99.
[259] Vgl. Süss (2006), S. 174.
[260] Vgl. Rolke (2003a), S. 155.
[261] Wachtel (2005), S. 54.

ihn möglicherweise durch die Vielzahl neuer Kommunikationsaufgaben oft überfordert.[262] Für 70 Prozent seiner Aufgaben benötigt der Vorstandsvorsitzende eine überdurchschnittliche Kommunikationskompetenz, schätzt Rolke.[263] Unternehmensleiter sollten deshalb öffentliches Auftreten als Führungsaufgabe ernst nehmen.[264] Die Kenntnis der Medienlogik scheint nicht nur wichtig zu sein, um das Unternehmen in der Öffentlichkeit zu repräsentieren, sondern auch zur Stärkung der eigenen Reputation. Denn Gaitanides weist darauf hin, dass im Reputationsrennen von Managern insbesondere medialer Auftritt und die Bedienung des Medienhebels wichtige Instrumente sind.[265]

Für den CEO wird sicheres Auftreten in den Medien und das Wissen um die Medienlogik wichtiger. Die zunehmende Personalisierung der Berichterstattung führt dazu, dass sie unter ständiger Beobachtung stehen. Obwohl Medienkompetenz unter den Bedingungen der Mediengesellschaft offensichtlich zu einem Erfolgsfaktor wird, unterstellt man gerade Unternehmensleitern über unzureichende Medienkompetenz zu verfügen. Es wird darauf hingewiesen, dass Vorstandsvorsitzende in punkto Medienkompetenz wesentlich schlechter abschneiden als Politiker.[266] Radunski meint deshalb, dass Wirtschaftsführer von Politikern lernen können, denn „die Personifizierung der Politik liefert Anschauungsbeispiele und Anregungen für Wirtschaftsführer und Kommunikation in Zeiten, wo man innerhalb von sechs Monaten zum Manager und Verlierer des Jahres gestempelt werden kann".[267] Auch Kepplinger ist der Auffassung, dass Manager von Politikern lernen können, indem sie erkennen, dass es vor allem in öffentlichen Krisen darum geht „den sachlichen Kern hinter der Darstellung zu erkennen und die Chancen und Risiken des eigenen Verhaltens rechtzeitig rational abzuwägen, wobei die Orientierung an den Medien gelegentlich Erfolg versprechender sein kann als die Orientierung an der Sache".[268]

Während einerseits darauf hingewiesen wird, dass Manager die Medien genauso nutzen sollten wie Politiker, weisen andere auf wesentliche Unterschiede zwischen Managern und Politikern hin. Meckel verweist auf den „feinen Unterschied".[269] Die Politik muss kollektiv bindende Entscheidungen treffen, während Unternehmen individuell über ihre Angebote entscheiden können.[270] Hinzu kommt, dass Politiker ihren Aufstieg in hohem Maße den Medien verdanken, während Manager bei ihrem Aufstieg nur bedingt auf die

---

[262] Vgl. Deekeling / Barghop (2003), S. 15.
[263] Zitiert in Manager Magazin (2004).
[264] Vgl. Seitz (2004), S. 90.
[265] Vgl. Gaitanides (2004), S. 6.
[266] Vgl. Kepplinger (2003), S. 116 ff.
[267] Radunski (2002), S. 102.
[268] Kepplinger (2003), S. 123.
[269] Meckel (2002), S. 223 ff.
[270] Vgl. Rolke (2003a), S. 164.

Medien angewiesen sind.[271] Politiker sind deshalb überlebensnotwendig auf Medien angewiesen, Manager dagegen können ihre Aufgaben auch ohne sie erledigen.[272] Da Politiker die Akzeptanz von unten benötigen, lernen sie mit den Eigengesetzlichkeiten der Medienwelt umzugehen, denn eine wesentliche Voraussetzung für diesen Akzeptanzgewinn ist die Fähigkeit zum öffentlichen Auftritt.[273] Die Bedeutung der Medien für den CEO ist also eine andere. Er verdankt seinen Aufstieg normalerweise einer Akzeptanz von oben, nicht von unten. Politiker müssen über Medienkompetenz verfügen, um ihren Job überhaupt erledigen zu können, da sie auf die Akzeptanz von unten angewiesen sind. Für Unternehmensleiter galt Medienkompetenz scheinbar bislang nur bedingt als einer jener Faktoren, der dem Erfolg wesentlich zugrunde liegt.

Die Bedingungen der Mediengesellschaft scheinen dies zu ändern. Stakeholder verfolgen heute das Handeln von Unternehmen und Unternehmensleitung aufmerksam. Das Image des Vorstandsvorsitzenden, das überwiegend auf massenmedialer Wahrnehmung beruht, spielt für alle Stakeholder eine wichtige Rolle.[274] Es gibt daher mittlerweile Hinweise darauf, dass sich die Wichtigkeit der Medienarbeit für Politiker und Unternehmensleiter allmählich annähern. Die Personalisierung, der richtige Umgang mit den Medien, die Nutzung der Medienarbeit für die eigenen Interessen – all das wird auch für Vorstandsvorsitzende bedeutender. Es wird vermutet, dass sich die Rollen der beiden Akteure angleichen. Nach Casanova befinden sich auch Wirtschaftsführer heute in einem ständigen Wahlkampf, um für ihre Partei (Unternehmen) durch das Parteiprogramm (Unternehmensstrategie / Corporate Story) die Stakeholder zu überzeugen und zu motivieren.[275] Aus diesem Grund geht Radunski auch davon aus, dass sich für Wirtschaftsführer durch die richtige Nutzung der Medien eine „Erweiterung des Gestaltungsspielraumes" ergibt.[276] Doch obwohl Vorstandsvorsitzende durch die Personalisierung der Berichterstattung immer mehr zum Gesicht des Unternehmens werden, meinen Kritiker, dass sie nicht über ausreichende Medienkompetenz verfügen. Nach Brandstätter haben deutsche CEOs noch kein internationales Format erreicht, weil sie die „Gesetzmäßigkeiten der Medien nicht wirklich verstanden haben".[277] Auch Buß meint, dass Vorstandsvorsitzende die Mechanismen der Medien verstärkt in ihrem öffentlichen Auftritt antizipieren müssen, um erfolgreich zu sein.[278] Wenn sie dies nicht tun, birgt die Mediengesellschaft vor allem

---

[271] Vgl. Diehl (2005), S. 45.
[272] Vgl. Kaden (2003), S. 21.
[273] Vgl. Kepplinger (2003), S. 117 ff.
[274] Vgl. auch Kapitel 3.2 der Arbeit.
[275] Vgl. Casanova (2004), S. 58.
[276] Radunski (2002), S. 104.
[277] Brandstätter (2006), S. 34.
[278] Vgl. Buß (1999), S. 173.

Gefahren für den CEO: „Der Weg vom Superstar zum Sündenbock ist oft ganz kurz und führt zunächst über böse Schlagzeilen auf dem Boulevard, dann über unerfreuliche Bilder im Fernsehen zu nachdenklichen, aber doch negativ gefärbten Berichten in der Wirtschaftspresse. Und dann kommt guter Rat meist zu spät."[279] Diese Gefahr ist auch auf die zunehmende Skandalisierungskommunikation zurückzuführen.[280] Nach Preusker ist die Integration der Medienlogik für Vorstandsvorsitzende daher von zentraler Bedeutung: „Manager müssen also lernen, dass ein wesentlicher Teil der Medien als „Angst-Industrie" nicht sachliche Aufklärung, sondern Auflagen, Einschaltquoten, Reichweite und andere wirtschaftliche Interessen im Auge haben – wie andere Unternehmer auch. Dieses Geschäft hat auch seine Regeln – und die sollte man kennen, um erfolgreich mitzumischen."[281] Auch Richmond sieht es als eine der wichtigsten Aufgaben der Vorstandsvorsitzenden an, professionell mit den Medien umzugehen.[282]

Unternehmensleiter können heute offenkundig auch nicht mehr ohne Medien erfolgreich sein. Der Unternehmensspitze werden verstärkt Qualifikationen im Umgang mit den Medien abverlangt. Es gibt sogar Annahmen darüber, dass dieses neue Anforderungsprofil die Selektionskriterien für Führungspositionen grundlegend verändert. So meint Kepplinger: „Möglicherweise erreichen immer mehr PR-Begabungen Führungspositionen in Politik und Wirtschaft. Dann hätten wir es nicht mit einem Wandel des Selbstverständnisses von Politikern und Managern zu tun, sondern mit einer Veränderung der Selektionskriterien in Politik und Wirtschaft sowie einer Optimierung der Karrierechancen von PR-Begabungen."[283] Unhängig davon, ob sich die Selektionskriterien ändern oder ob sich die Rolle des CEO wandelt: Medienkompetenz wird wichtiger. So meint auch Seitz: „Medienkompetenz ist eine permanente Managementanforderung".[284] Es scheint, als sei - neben der Akzeptanz von oben - die Akzeptanz von unten von zunehmender Bedeutung für den CEO. In dieser Hinsicht scheinen sich deutliche Parallelen zu Politikern zu zeigen. Denn Medienkompetenz ist bedeutend, um die Akzeptanz von unten zu erreichen. Beim Akzeptanzgewinn von oben zählen vor allem Sachlichkeit und Performance. Die Akzeptanz von unten unterwirft sich jedoch anderen Regeln. Dafür scheint der Vorstandsvorsitzende auf die Medien angewiesen zu sein. Unternehmensleiter sollten deshalb die medialen Spielregeln begreifen und umsetzen. Medienkompetenz ist folglich auch für CEOs eine Voraussetzung für eine erfolgreiche Kommunikation.

---

[279] Brandstätter (2006), S. 28 ff.
[280] Vgl. auch Kapitel 2.2 der Arbeit.
[281] Preusker (2003), S. 102.
[282] Vgl. Richmond (2002), S. 55.
[283] Kepplinger (2003), S. 115.
[284] Seitz (2004), S. 88.

5.1.2 Ergebnisse der Befragung zur Medienkompetenz

Nach Durchsicht der Literatur scheint vieles darauf hinzudeuten, dass Medienkompetenz ein Erfolgsfaktor der CEO-Kommunikation ist. Die befragten Kommunikationsverantwortlichen wurden deshalb auch explizit zur Medienarbeit des CEO befragt. Es erschien sinnvoll in einem ersten Schritt zu prüfen, ob der Vorstandsvorsitzende tatsächlich eine wichtige Rolle in der Medienberichterstattung spielt. Die Befragten gaben an, dass sich heute beinahe 20 Prozent der Unternehmensberichterstattung überwiegend mit dem Vorstandsvorsitzenden beschäftigt (Abb. 20).

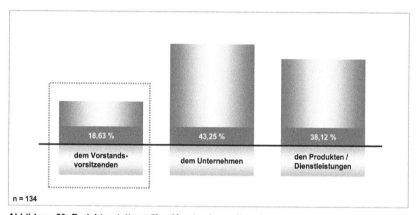

n = 134

Abbildung 20: Berichterstattung über Vorstandsvorsitzende
Quelle: Eigene Darstellung, nach Ergebnissen der Befragung zur CEO-Kommunikation.

Eine Untersuchung von Medien Tenor aus dem Jahr 2003 ergab, dass die Berichterstattung über Vorstandsvorsitzende bei ungefähr zehn Prozent liegt.[285] Eine Vergleichsstellung dieser Ergebnisse zeigt, dass sich der Anteil der Berichterstattung über Vorstandsvorsitzende an der Unternehmensberichterstattung in den letzten drei Jahren beinahe verdoppelt hat. Mehr Berichterstattung über den CEO bedeutet auch mehr Medienpräsenz. Es ist anzunehmen, dass mehr Medienpräsenz auch mehr Medienkompetenz erfordert. Die Befragten gaben an, dass Vorstandsvorsitzende durchschnittlich 2,43 Interviews im Monat führen.[286] Die Medienarbeit scheint für eine Großzahl der CEOs eine permanente Managementanforderung geworden zu sein. Der Unternehmensleiter spielt jedoch nicht nur in der Berichterstattung über seine Person, sondern auch in der Unternehmens-

---

[285] Vgl. Medien Tenor (2003b), S. 47.
[286] Vgl. Ergebnisse der Befragung zur CEO-Kommunikation.

berichterstattung insgesamt eine Rolle. Die Befragten gehen davon aus, dass in 26,52 Prozent der gesamten Unternehmensberichterstattung ein Bild des CEO verwendet wird.[287] Er wird also immer häufiger als Gesicht und Stimme des Unternehmens wahrgenommen.

Die Akzeptanz von unten wird für den CEO wichtiger – so die Annahme. Die Befragten wurden deshalb auch danach gefragt, ob die öffentliche Akzeptanz des CEO die Unternehmensberichterstattung beeinflusst. Insgesamt 90,44 Prozent der Kommunikationsverantwortlichen meinen, dass es einen Zusammenhang zwischen der öffentlichen Akzeptanz des Vorstandsvorsitzenden und der Berichterstattung über das Unternehmen gibt (Abb. 21). Für den öffentlichen Akzeptanzgewinn ist eine erfolgreiche Medienarbeit entscheidend.

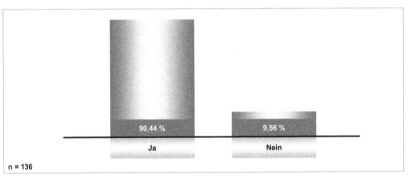

n = 136

Abbildung 21: Zusammenhang zwischen öffentlicher Akzeptanz des CEO und Unternehmensberichterstattung
Quelle: Eigene Darstellung, nach Ergebnissen der Befragung zur CEO-Kommunikation.

Politiker haben gelernt die Medien für ihre eigenen Interessen zu nutzen und können gut mit den Eigengesetzlichkeiten der Medienwelt umgehen. Denn das ist heute eine wesentliche Voraussetzung für einen erfolgreichen Politiker. Die Unternehmensführer haben gegenüber den Politikern in punkto Medienkompetenz Defizite – so die Annahme. Die Befragten wurden daher gebeten, die PR-Arbeit von Managern und Politikern zu bewerten. Nach ihrer Auffassung ist die PR-Arbeit von Managern wesentlich besser als die von Politikern. Bei der Frage „Wie beurteilt die Nr. 1 die PR-Arbeit von…" lagen Unternehmen und Manager mit einem Mittelwert von 2,64 weit vor Politikern (Abb. 22).

---

[287] Vgl. Ergebnisse der Befragung zur CEO-Kommunikation.

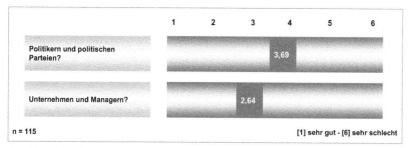

	1	2	3	4	5	6
Politikern und politischen Parteien?			3,69			
Unternehmen und Managern?		2,64				

n = 115   [1] sehr gut - [6] sehr schlecht

Abbildung 22: PR-Arbeit von Politikern und Managern im Vergleich
Quelle: Eigene Darstellung, nach Ergebnissen der Befragung zur CEO-Kommunikation.

Die Kommunikationsverantwortlichen scheinen dennoch davon auszugehen, dass Politiker besser mit den Medien umgehen können. Die Aussage „Die führenden Politiker können besser mit den Medien umgehen als die Vorstandsvorsitzenden der 20 größten Unternehmen" erzielte eine Zustimmung von 0,50 (Abb. 23).

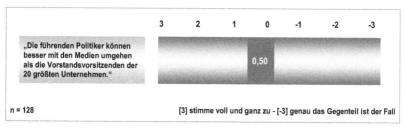

	3	2	1	0	-1	-2	-3
„Die führenden Politiker können besser mit den Medien umgehen als die Vorstandsvorsitzenden der 20 größten Unternehmen."				0,50			

n = 128   [3] stimme voll und ganz zu - [-3] genau das Gegenteil ist der Fall

Abbildung 23: Medienkompetenz von Politikern und Vorstandsvorsitzenden im Vergleich
Quelle: Eigene Darstellung, nach Ergebnissen der Befragung zur CEO-Kommunikation.

Dies belegt, dass die Befragten den Vorstandsvorsitzenden ein besseres Kommunikationsmanagement zusprechen. Politiker können dennoch kompetenter mit den Medien umgehen. Sie sind die besseren Kommunikatoren. Es deutet darauf hin, dass Vorstandsvorsitzende in punkto Medienkompetenz und Kommunikationsfähigkeit noch dazulernen sollten. Und die Politik kann dabei offensichtlich positive Anschauungsbeispiele liefern.

Auch die Ergebnisse anderer Studien belegen, dass Medienkompetenz für den Vorstandsvorsitzenden an Bedeutung gewinnt. Eine Untersuchung der Freien Universität Berlin ergab, dass die befragten Experten Medientrainings für sehr wichtig halten (Abb. 24). Die Schulung des Unternehmensleiters für Medienauftritte halten acht von zehn Befragten für notwendig. Trotzdem gehen die Befragten nicht davon aus, dass Vorstandsvorsitzende den Unterhaltungstendenzen in den Medien nachgeben sollten. Es scheint kein Wandel vom „Chief Executive Officer" zum „Chief Entertainment Officer" stattzufinden.

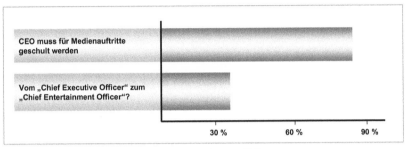

Abbildung 24: Bedeutung von Medientrainings für den CEO
Quelle: Eigene Darstellung, nach Freie Universität Berlin (2005), S. 29.

Medienarbeit wird offensichtlich für Unternehmenschefs zur regelmäßigen Aufgabe. Es wird davon ausgegangen, dass er einen großen Einfluss auf die Medienberichterstattung haben kann. Für den Akzeptanzgewinn von unten sind auch Vorstandsvorsitzende auf die Medien angewiesen. Das Verstehen der Medienlogik und Sichere Auftreten in den Medien sind Grundlagen einer erfolgreichen Kommunikation mit den Stakeholdern. Die Ergebnisse belegen, dass Medienkompetenz ein Erfolgsfaktor der CEO-Kommunikation ist.

5.1.3 Umsetzung der Medienkompetenz

Es gibt sicherlich so genannte „Medientalente", denen es leichter zu fallen scheint, professionell und erfolgreich mit den Medien umzugehen, wie z. B. Wendelin Wiedeking, Vorstandsvorsitzender der Porsche AG, der sein Unternehmen am liebsten selbst in den Medien repräsentiert. Es ist jedoch anzunehmen, dass es sich bei den meisten Topmanagern, die über diese Medienkompetenz verfügen, nicht um reines Geschick handelt, sondern eher um ein hart erarbeitetes Handwerk, das zum Wohle des Unternehmens eingesetzt wird. Vorstandsvorsitzende müssen sich heute nicht mehr nur durch die notwendigen Fachkenntnisse, sondern auch durch überzeugende Vermittlungs- und Medienkompetenz auszeichnen.[288] Die Kommunikation des Unternehmensleiters muss deshalb die Medienlogik beachten.[289] Sicheres Auftreten in den Medien ist eine grundlegende

---

[288] Vgl. Casanova (2004), S. 57.
[289] Vgl. Radunksi (2002), S. 104.

Anforderung an Vorstandsvorsitzende. So umschreibt auch Heinisch die Wichtigkeit der Medienlogik für den CEO: „Je genauer die Kenntnis der Funktionsweise von Medien und je besser er die Spielregeln beherrscht, umso erfolgreicher wird ein CEO seine Rolle in der Öffentlichkeit spielen können".[290]

Insbesondere die Nähe zu Journalisten wird in der Medienarbeit als bedeutend angesehen.[291] Vorstandsvorsitzende sollten deshalb Beziehungspflege mit Journalisten betreiben. Becker / Müller gehen davon aus, dass sich das für den Unternehmensleiter auszahlt:

> „Diese Kontaktpflege zahlt sich aus, wenn der Journalist den entsprechenden CEO bei größeren anstehenden Themen als Interviewpartner berücksichtigt oder bei einer Unternehmenskrise die persönliche Einschätzung des CEOs einholt. Gehört der CEO erst einmal zum „bilateralen Inner Circle", das heißt zum engeren Kreis der Informationslieferanten und Kommentatoren des Journalisten, kann er das Unternehmen und seine Marktsicht entsprechend über die Presse kommunizieren".[292]

Auch Kaden bestätigt, dass die Unternehmensspitze die Kooperation und Nähe zu Journalisten pflegen sollte: Denn eine feindselige Haltung kann auf Dauer zu schlechter Presse führen.[293] Da das Unternehmensimage vor allem auf massenmedialer Wahrnehmung beruht,[294] sollten Vorstandsvorsitzende ihre Verantwortung anerkennen und besser mit den Medienvertretern zusammenarbeiten.

Auch das Erzeugen medienwirksamer Bilder scheint heute in der Medienarbeit unabdinglich. Meckel meint, dass ein Thema ohne Bilder eigentlich kein Thema ist.[295] Sie führt deshalb an, dass Bilder erschaffen werden müssen. Auch Herbst geht davon aus, dass Bilder in fast allen Bereichen des täglichen Lebens an Bedeutung gewonnen haben: „Die Bedeutung von Texten hat in den vergangenen Jahren dramatisch abgenommen: Nur noch 20 Prozent der Leser einer Zeitung lesen einen Artikel über den ersten Absatz hinaus. Bücher scannen wir eher, als dass wir sie aufmerksam lesen. Von einer Anzeige beachten wir nur zwei Sekunden lang das Bild und die Überschrift, den Text lesen wir fast nie."[296] Die Erzeugung von medienwirksamen Bildern verlangt die Inszenierung öffentlicher Auftritte.[297] Pressekonferenzen, Hauptversammlungen, Interviews – vieles wird von Unternehmen heute durch gezieltes Ereignismanagement inszeniert.[298] Nach Merten ist

---

[290] Heinisch (2006), S. 256.
[291] Vgl. Rolke (2005), S. 31.
[292] Becker / Müller (2004), S. 30.
[293] Vgl. Kaden (2003), S. 22.
[294] Vgl. auch Kapitel 2.3 der Arbeit.
[295] Vgl. Meckel (2003), S. 11.
[296] Herbst (2004), S. 1.
[297] Vgl. Radunski (2002), S. 102.
[298] Vgl. auch Kapitel 2.3 der Arbeit.

Inszenierung „eine Technik zur Erzeugung und Gestaltung von Pseudo-Ereignissen, die umso stärkere Wirkung entfalten kann, je authentischer sie ins Werk gesetzt wird".[299] In einer Zeit des Information-Overkills, bieten oftmals nur inszenierte Auftritte und Darstellungen die Möglichkeit Aufmerksamkeit zu erzeugen.[300] Selbst große und traditionsreiche Unternehmensmarken garantieren nicht mehr die positive Aufmerksamkeit für die eigenen Botschaften in den Medien.[301] Der aktiven Beteiligung des Managements an der Selbstdarstellung des Unternehmens kommt daher mehr Bedeutung zu.[302] Bei der Einführung der Infineon-Aktie erschien der CEO persönlich „mit einem Sportwagen und in der vermutlich feuerfesten Kluft von Motorsportlern".[303] Die Inszenierung des CEO wird wichtiger, denn nach Auffassung von Wachtel ist sie wesentlich an seiner Wirkung beteiligt:

> „Nicht anders als die „Images" aus Spots und Plakaten und Presseäußerungen sollte das Bild des Vorstandes in Aktion dargeboten werden. Bei aller Rücksicht auf die deutsche Seele, der so etwas suspekt ist: Es gibt dafür keinen treffenderen Begriff als „inszenieren". Erfolge angelsächsischer Auftrittsberatung zeigen, dass hier der Blick über den Tellerrand von Werbemittel und Pressetext hinaus hilfreich sein kann – bis hin zu Anleihen aus der Theaterdramaturgie. Die Inszenierung der Auftretenden (Haltung, Stand, Bewegungen der redenden Akteure) – das Staging – bestimmt die Wirkung wesentlich mit."[304]

Meckel warnt jedoch vor Übertreibung: Der Grad der Inszenierung sollte die tatsächliche Ereignisqualität nicht ignorieren oder überlagern.[305] Auch Wachtel weist auf die Gefahr der ikonischen Selbstinszenierung hin: „Wer beim Shooting in Symbolen lebt, verfärbt den Eindruck. Die Inszenierung des Authentischen bleibt eine Gratwanderung und ist nur professionell zu bestehen mit klarem Plan."[306]

Unter den Bedingungen der Mediengesellschaft wird Medienkompetenz ein Erfolgsfaktor der CEO-Kommunikation. Vorstandsvorsitzende müssen für ihr Image und das des Unternehmens ein positives Bild in der Öffentlichkeit hinterlassen. Wie für Politiker wird die Akzeptanz von unten für den CEO wichtiger. Für diesen Akzeptanzgewinn von unten ist es von Bedeutung, sicher in den Medien aufzutreten und kompetent mit den Medien umgehen zu können. Zu dieser Medienkompetenz zählt auch die Veränderung der Haltung gegenüber den Medien. Die Nähe zu den Journalisten, das Erzeugen medienwirksamer Bilder und die Inszenierung des Auftritts – allesamt eine Anpassung an die Medienlogik - sind für eine erfolgreiche Medienarbeit für den Unternehmensleiter von Bedeutung.

---

[299] Merten (2004), S. 17.
[300] Vgl. Piwinger / Ebert (2001), S. 2.
[301] Vgl. Strauss (2002), S. 11.
[302] Vgl. Piwinger / Strauss (2002), S. 6.
[303] Rolke / Wolff (2003), S. 7.
[304] Wachtel (2004a), S. 14.
[305] Vgl. Meckel (2003), S. 12.
[306] Werner (2004), S. 158.

5.2 Erfolgsfaktor Glaubwürdigkeit

In der Literatur finden sich viele Hinweise auf die Bedeutung der Glaubwürdigkeit in der Unternehmenskommunikation. Nach Buß / Fink-Heuberger haben Unternehmen heute die Aufgabe „eine klar umrissene Glaubwürdigkeits- und Vertrauenskultur zu entwickeln und der Öffentlichkeit gegenüber überschaubare Glaubwürdigkeitsstandards festzulegen".[307] Auch Meffert / Bierwirth sehen in der Schaffung eines hohen Maßes an Glaubwürdigkeit eine wesentliche Herausforderung für die Markenführung.[308] Denn Marken kommt die Aufgabe zu Informationen zu binden, um als Indikator für die Beurteilung einer komplexen Umwelt zu dienen. Dies setzt notwendigerweise Glaubwürdigkeit voraus, da man den symbolisierten Informationen glauben schenken muss. Für Derieth zählen Glaubwürdigkeit und Vertrauensbildung zu strategischen Variablen, die Zielgrößen einer qualitativen Kommunikationsoptimierung sind.[309] Unglaubwürdige Kommunikation führt zu Image- und Akzeptanzverlust, deshalb trägt Glaubwürdigkeit wesentlich dazu bei „den Handlungsspielraum einer Organisation zu sichern und zahlt in besonderem Maß auf die Reputation eines Unternehmens ein".[310] Ohne Glaubwürdigkeit können langfristige Beziehungen zu Kunden, Analysten, Journalisten und Investoren scheinbar nicht aufgebaut werden.

5.2.1 Bedeutung der Glaubwürdigkeit für den CEO

Glaubwürdigkeit spielt auch für den CEO eine bedeutende Rolle. Denn die Glaubwürdigkeit des Unternehmens hängt letztendlich auch von der Glaubwürdigkeit des Repräsentanten ab.[311] Als oberster Kommunikator ist der Vorstandsvorsitzende auch dafür verantwortlich, dass Stakeholder an die Zukunftsfähigkeit des Unternehmens und die Unternehmensstrategie glauben. Zu den wichtigsten Aufgaben des CEO gehört es daher, das „Unternehmen glaubwürdig in der Öffentlichkeit zu vertreten."[312] Es wird angenommen, dass ein glaubwürdiger CEO das Unternehmensimage fördert.[313] Ohne glaubwürdige Kommunikation kann der Unternehmenschef Stakeholder scheinbar weder emotional noch rational erreichen oder überzeugen.[314] Darüber hinaus hat die Glaubwürdigkeit einen großen Einfluss auf das CEO-Image. Trummer benennt in seinem Aufsatz zur CEO-Re-

---

[307] Buß / Fink-Heuberger (2000), S. 166.
[308] Vgl. Meffert / Bierwirth (2002), S. 189.
[309] Vgl. Derieth (1995), S. 192.
[310] Huck (2006), S. 7.
[311] Vgl. Huck (2006), S. 62.
[312] Becker / Müller (2004), S. 26.
[313] Vgl. Becker / Müller (2004), S. 6.
[314] Vgl. Trummer (2006), S. 11.

putation Glaubwürdigkeit als den genetischen Code jeder Top-Reputation.[315] Und für Deekeling bestimmt die Glaubwürdigkeit des Unternehmensleiters auch über den Unternehmenserfolg: „Denn Glaubwürdigkeit schafft Gefolgschaft. Gefolgschaft entscheidet über die Fähigkeit von Unternehmen zur Anpassung, zur schnellen Reaktion, zur Umgestaltung, Unglaubwürdigkeit dagegen gefährdet den Unternehmenserfolg - diese simple Kausalität sollte nie bezweifelt werden".[316]

5.2.2 Ergebnisse der Befragung zur Glaubwürdigkeit

Nach Durchsicht der Literatur zeigt sich, dass Glaubwürdigkeit als Erfolgsfaktor der CEO-Kommunikation angesehen wird. Die befragten Kommunikationsverantwortlichen wurden gebeten, die wichtigsten Fähigkeiten und Eigenschaften zu benennen, die für einen erfolgreichen CEO von Bedeutung sind. Mit einem Mittelwert von 1,38 sehen die Befragten Glaubwürdigkeit als einen der beiden wichtigsten Faktoren für einen erfolgreichen CEO an. Somit ist Glaubwürdigkeit weit wichtiger für einen erfolgreichen Unternehmensleiter als Gewinnorientierung, Fachwissen oder sogar Menschenführung (Abb. 25).

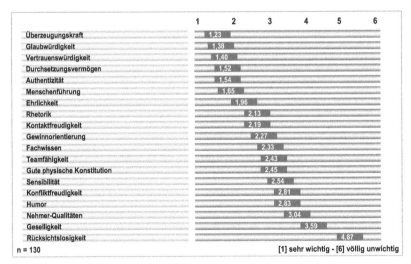

Abbildung 25: Glaubwürdigkeit als Erfolgsfaktor

Quelle: Eigene Darstellung, nach Ergebnissen der Befragung zur CEO-Kommunikation.

---

[315] Vgl. Trummer (2006), S. 11.
[316] Deekeling (2003a), S. 64.

Die Ergebnisse anderer Befragungen belegen ebenfalls, dass Glaubwürdigkeit ein Erfolgsfaktor der CEO-Kommunikation ist. Nach einer Untersuchung des Institutes für Demoskopie Allensbach gaben 43 Prozent der befragten Experten an, dass Glaubwürdigkeit einen guten Kommunikator an der Unternehmensspitze auszeichnet (Abb. 26).

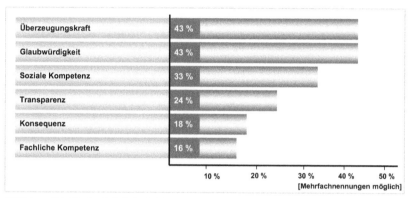

Abbildung 26: Glaubwürdigkeit als Voraussetzung für einen guten Kommunikator
Quelle: Eigene Darstellung, nach Institut für Demoskopie Allensbach (2005), S. 28.

Auch eine Untersuchung von Burson-Marsteller bestätigt diese Ergebnisse: 47 Prozent der Befragten meinen, dass der CEO einen großen Einfluss auf die Glaubwürdigkeit eines Unternehmens hat.[317] Aus diesem Grund muss auch er glaubwürdig sein. Die Ergebnisse belegen, dass Glaubwürdigkeit ein Erfolgsfaktor der CEO-Kommunikation ist.

Es stellt sich die Frage, was eine Person glaubwürdig macht. Aus welchen Variablen setzt sich Glaubwürdigkeit zusammen? Nawratil kommt bei der Untersuchung von Glaubwürdigkeit in der sozialen Kommunikation zu dem Ergebnis, dass Kompetenz und Vertrauenswürdigkeit zentrale Dimensionen der Glaubwürdigkeit sind.[318] Auch Kirchner / Brichta benennen Vertrauenswürdigkeit und Kompetenz als wesentliche Variablen der Glaubwürdigkeit.[319] Um glaubwürdig zu sein, muss der CEO also vertrauenswürdig und kompetent wirken, denn Stakeholder müssen sich darauf verlassen können, dass die Leistungsversprechen eingehalten *werden* und auch eingehalten werden *können*.[320] Ein Aktionär muss sich darauf verlassen können, dass der Unternehmensleiter die vorgestellte Unternehmensstrategie wirklich verfolgt (Vertrauenswürdigkeit) und diese Strategie auch umsetzen

---

[317] Vgl. Burson-Marsteller (2004), S. 6.
[318] Vgl. Nawratil (1997), S. 224.
[319] Vgl. Kirchner / Brichta (2002), S. 37.
[320] Vgl. Herbst / Scheier (2004), S. 56.

kann (Kompetenz). Huck benennt in ihrer Studie zur Glaubwürdigkeit Authentizität als weitere Variable der Glaubwürdigkeit.[321] Für Uta-Micaela Dürig, Leiterin Unternehmenskommunikation der Robert Bosch GmbH, spielt Authentizität in der CEO-Kommunikation eine wichtige Rolle: „Ich bin überzeugt davon, dass es das Wichtigste ist, dass Kommunikatoren bzw. Sprecher eines Unternehmens authentisch und wahrheitsgetreu kommunizieren – gleich mit wem, gleich mit welchem Tool, gleich in welcher Situation."[322] Im Wesentlichen setzt sich der Erfolgsfaktor Glaubwürdigkeit aus den Variablen Vertrauenswürdigkeit, Kompetenz und Authentizität zusammen.

In einem weiteren Schritt wurden diese Variablen der Glaubwürdigkeit geprüft. Die Befragten benennen die Vermittlung von Kompetenzen als eines der wichtigsten PR-Ziele für den Unternehmensleiter (Abb. 27).

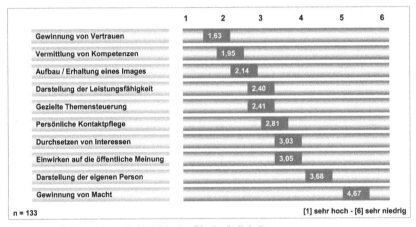

Abbildung 27: Kompetenz als Variable der Glaubwürdigkeit
Quelle: Eigene Darstellung, nach Ergebnissen der Befragung zur CEO-Kommunikation.

Bedeutender erscheint den Befragten lediglich die „Gewinnung von Vertrauen". Um Vertrauen zu gewinnen, spielt die Vertrauenswürdigkeit des Kommunikators als Variable der Glaubwürdigkeit eine wichtige Rolle. Von den Befragten wird Vertrauenswürdigkeit mit einem Mittelwert von 1,4 als einer der einflussreichsten Faktoren für einen erfolgreichen Vorstandsvorsitzenden eingeschätzt (Abb. 28). Die dritte Variable der Glaubwürdigkeit - Authentizität – wurde ebenfalls geprüft: Einem authentischen Unternehmensleiter wird mit

---

[321] Vgl. Huck (2006), S. 10.
[322] Zitiert in Huck (2006).

einem Mittelwert von 1,54 eine hohe Bedeutung beigemessen. Authentizität spielt für den CEO nach Meinung der Befragten eine weitaus wichtigere Rolle als Gewinnorientierung oder Fachwissen.

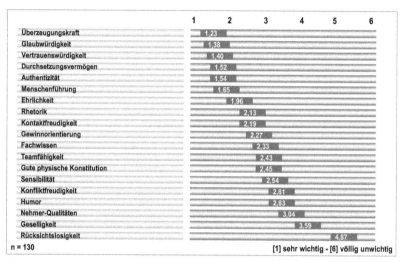

n = 130   [1] sehr wichtig - [6] völlig unwichtig

Abbildung 28: Vertrauenswürdigkeit und Authentizität als Variablen der Glaubwürdigkeit
Quelle: Eigene Darstellung, nach Ergebnissen der Befragung zur CEO-Kommunikation.

Die Ergebnisse belegen, dass Glaubwürdigkeit ein Erfolgsfaktor der CEO-Kommunikation ist. Um von den Stakeholdern als glaubwürdig wahrgenommen zu werden, muss der Unternehmensleiter vertrauenswürdig, kompetent und authentisch wirken.

5.2.3 Umsetzung der Glaubwürdigkeit

Es stellt sich die Frage, wie Glaubwürdigkeit kommuniziert werden kann. Wie sollte z. B. Vertrauenswürdigkeit an die Stakeholder kommuniziert werden? Derieth verweist darauf, dass Glaubwürdigkeit an sich nicht kommunizierbar ist.[323] Da Glaubwürdigkeit selbst nicht errichtet werden kann, sondern entsteht, muss die Kommunikation transparent und prüfbar gestaltet werden.[324] In einer Untersuchung zum Thema Glaubwürdigkeit kommt Huck zu dem Ergebnis, dass es möglich ist, Glaubwürdigkeit an die Stakeholder zu vermitteln und somit die Wahrnehmung der Zielgruppen zu stärken. Einmal dadurch, dass auch un-

---

[323] Vgl. Derieth (1995), S. 201.
[324] Vgl. Derieth (1995), S. 202.

angenehme Wahrheiten offen und aktiv angesprochen werden. Zum anderen durch eine offene und transparente Kommunikation auch – und besonders – zu kritischen Themen.[325] In einer transparenten, offenen und ehrlichen Kommunikation sieht auch Martini eine Voraussetzung für die Medienarbeit: „Denn Transparenz schafft Vertrauen, und das Vertrauen der Öffentlichkeit ist eine wichtige Voraussetzung für eine erfolgreiche Unternehmenskommunikation."[326] Nur auf diese Weise lässt sich ein Dialog etablieren, der auch dauerhaft funktioniert. Transparenz kann wiederum nach Pitzer nur gelingen, wenn „ein fester Kern an Glaubwürdigkeit durch kontinuierliche Kommunikation, die in allen Botschaften alle relevanten Zielgruppen gleichermaßen erreicht, transportiert wird."[327] Auch die Offenlegung von Interessen, Zielen und Motiven sowie eine verständliche Argumentation tragen zur Wahrnehmung von Glaubwürdigkeit bei.[328]

Für die Herstellung von Glaubwürdigkeit ist nach Buß / Fink-Heuberger eine wahrheitsgemäße Kommunikation die Grundlage:

> „Nichts wirkt sich verheerender auf die Glaubwürdigkeitsschwelle aus als Winkelzüge, scheibchenweise Zugeständnisse und schützende Halbwahrheiten, die später zurückgenommen werden. Wer immer wieder gezwungen wird, ein weiteres Stück Wahrheit preiszugeben, erklärt jedes Mal seine früheren Behauptungen zu Lügen. Warum sollte er also dieses Mal die volle Wahrheit sagen? Am Ende hört niemand mehr hin – selbst dann nicht, wenn am Ende die Wahrheit offenbart wird. Ist die Glaubwürdigkeit erst einmal verspielt, gibt es keine Möglichkeit mehr, die ganze Wahrheit zu sagen – weil sie unglaubwürdig wirkt."[329]

Wenn es häufig Diskrepanzen zwischen dem Versprechen und der tatsächlichen Einlösung gibt, schwindet die Glaubwürdigkeit.[330] Hinzu kommt, wie Derieth betont, dass Glaubwürdigkeit auch immer von den Einschätzungen des Rezipienten bestimmt wird, da dieser Faktor an zurückliegenden Ereignissen, Handlungen oder Kommunikationsprozessen gemessen wird.[331] Glaubwürdigkeit leistet dabei die Funktion, dass nicht nachprüfbare Informationen vom Rezipienten als wahr befunden werden können. Besonders aus diesem Grund liegt eine transparente und offene Kommunikation der Glaubwürdigkeit ganz existentiell zugrunde.[332] Sie kann jedoch nicht eingefordert werden, sondern wird durch den Dialog – durch Kommunikation – hergestellt. So merkt auch Reichertz an: „Wer falsches sagt, wer verdunkelt oder vertuscht, wer maßlos schönfärbt und übertreibt, gilt

---

[325] Vgl. Huck (2006), S. 23 ff.
[326] Martini (2003), S. 94.
[327] Pitzer (2003), S. 127.
[328] Vgl. Huck (2006), S. 21.
[329] Buß / Fink-Heuberger (2000), S. 168.
[330] Vgl. Meckel (2003), S. 73.
[331] Vgl. Derieth (1995), S. 196.
[332] Vgl. Huck (2006), S. 9.

schnell als unglaubwürdig."[333] Somit trägt eine offene, transparente, wahrheitsgemäße und kontinuierliche Kommunikation zum Aufbau von Glaubwürdigkeit bei.

Darüber hinaus werden der Entstehung von Glaubwürdigkeit die Übereinstimmung von Reden und Handeln und die Konsistenz der Botschaften zugrunde gelegt.[334] Kirchner / Brichta meinen, dass Glaubwürdigkeit eine Eigenschaft ist, „die jemandem zugeschrieben wird, wenn man die Erwartung hat, dass dessen Aussagen richtig und sein Handeln konsistent sind."[335] Sie benennen daher Kongruenz und Konsistenz als entscheidende Einflussfaktoren für die Herstellung von Glaubwürdigkeit.[336] Die Konsistenz der Aussagen und die Übereinstimmung des Gesagten mit den feststehenden Fakten sind auch nach Auffassung von Nawratil für die Herstellung von Glaubwürdigkeit wichtig.[337] Für Vorstandsvorsitzende ist die Einheit von Reden und Handeln von besonderer Bedeutung. Diese Konsistenz vereint in der Person des Unternehmensleiters ist für das Unternehmen Kapital, denn nur ein glaubwürdig auftretender CEO kann der Unternehmensreputation von Nutzen sein.[338] Das Gesagte muss mit den Taten übereinstimmen, um Glaubwürdigkeit herzustellen. Sobald eine Lücke entsteht zwischen der Realität und der Kommunikation, entstehen Glaubwürdigkeitsverluste.[339] Um die Glaubwürdigkeit zu sichern, müssen nach den Worten auch Taten folgen. Darüber hinaus kann die Glaubwürdigkeit gestärkt werden, wenn das Verhalten des CEO diejenigen Werte widerspiegelt, für die er auch eintritt. Nach Nessmann entsteht Glaubwürdigkeit deshalb im Spannungsverhältnis zwischen Aussagen, Handlungen und Werthaltungen.[340] Ein Vorstandsvorsitzender erscheint erst dann glaubwürdig, wenn die Handlungen konsistent mit den Aussagen übereinstimmen. Die Kommunikation sollte deshalb nach Fischer der Realität entsprechen, um keine Kluft zwischen Tat und Wort entstehen zu lassen:

> „Zwar müssen und können Unternehmen nicht über alles reden. Umgekehrt gilt aber in viel stärkerem Maße, dass nicht über Dinge geredet werden sollte, die nicht auch getan werden. Denn die Trennung von vermittelter Kommunikation und gelebter Unternehmenskultur hat nur eine geringe Halbwertzeit. Sobald für die Zielgruppen eine Kluft offenbar wird, entstehen Glaubwürdigkeitsverluste. Kommunikation muss hier eine Brücke zwischen Realität und normativ visionärem Anspruch bilden."[341]

---

[333] Reichertz (2002), S. 17.
[334] Vgl. Huck (2006), S. 10.
[335] Kirchner / Brichta (2002), S. 37.
[336] Vgl. Kirchner / Brichta (2002), S. 37.
[337] Vgl. Nawratil (1997), S. 232.
[338] Vgl. Huck (2006), S. 63.
[339] Vgl. Langen / Fischer (2001), S. 16.
[340] Vgl. Nessmann (2005), S. 39.
[341] Fischer (2001), S. 14 ff.

Als Ron Sommer, ehemaliger Vorstandsvorsitzender der Deutschen Telekom, zur gleichen Zeit die Dividenden kürzte und die Vorstandsbezüge verdoppelte, verlor er nach Meinung von Nessmann auch seine persönliche Glaubwürdigkeit.[342] Die Aufgabe des CEO ist es konsistente und kongruente kommunikative Signale zu senden, die keine Diskrepanzen zwischen Taten und Worten erkennen lässt. Jegliche Aussage oder Botschaft des Unternehmenschefs wirkt nur glaubwürdig, wenn das Verhalten, das hinter der Aussage steht, auch glaubwürdig ist.[343] Die Herstellung von Kohärenz und Konsistenz ist aus diesem Grunde nach Schmidt zentraler Bestandteil des öffentlichen Auftritts: „Das Ziel heißt Konsistenz in Bild, Text und gesprochenem Wort und letztlich Kohärenz von Wort und Tat."[344] Es lässt sich deshalb festhalten, dass die CEO-Kommunikation Konsistenz und Kongruenz herstellen muss, d. h. die Übereinstimmung von Worten, Taten, Botschaften und Handlungen. Glaubwürdigkeit entsteht nur, wenn das, was kommunikativ vermittelt wird, den Tatsachen entspricht. Dazu gehört es Versprechen zu halten, Fehler zuzugeben und Schwächen einzugestehen.

Die Kommunikationschefs wurden gefragt, was - nach Meinung des CEO - glaubwürdige Informationsarbeit ausmacht (Abb. 29). 20,41 Prozent der Befragten sehen glaubwürdige Kommunikation als Grundlage jeder Kommunikation an. Des weiteren nannten die Befragten eine transparente, offene Kommunikation (16,33 Prozent), ehrlich sein (12,24 Prozent), konsistent sein (12,24 Prozent), kontinuierlich erfolgen (10,20 Prozent) und den Fakten entsprechen (12,24 Prozent) als diejenigen Faktoren, die glaubwürdige Kommunikation ausmachen.

---

[342] Vgl. Nessmann (2005), S. 29.
[343] Vgl. Thommen (2004), S. 23.
[344] Schmidt (2004), S. 52.

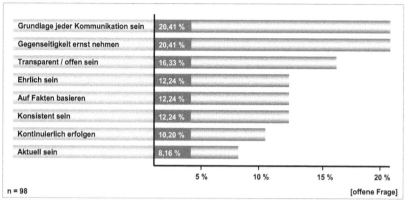

Grundlage jeder Kommunikation sein	20,41 %
Gegenseitigkeit ernst nehmen	20,41 %
Transparent / offen sein	16,33 %
Ehrlich sein	12,24 %
Auf Fakten basieren	12,24 %
Konsistent sein	12,24 %
Kontinuierlich erfolgen	10,20 %
Aktuell sein	8,16 %

5 %   10 %   15 %   20 %

n = 98   [offene Frage]

Abbildung 29: Herstellung von Glaubwürdigkeit in der Kommunikation
Quelle: Eigene Darstellung, nach Ergebnissen der Befragung zur CEO-Kommunikation.

Im Wesentlichen bestätigen die Befragten die Aussagen in der Literatur zur Herstellung von Glaubwürdigkeit. Die Ergebnisse belegen, dass glaubwürdige Informationsarbeit eine transparente, offene, ehrliche, kontinuierliche, konsistente und kongruente Kommunikation erfordert, die auf Fakten basiert. Die Kommunikation muss mit den Taten, Botschaften und Handlungen übereinstimmen, um die Glaubwürdigkeit zu sichern. Es sollte deshalb in der Berichterstattung z. B. bei der Darlegung der zukünftigen Strategie nur das kommuniziert werden, was wirklich in die Tat umgesetzt wird. Alle Unsicherheiten sollten so lange nicht an die Stakeholder kommuniziert werden, bis Klarheit darüber herrscht, ob es wirklich realisiert wird. Die Kommunikationsmaßnahmen des Unternehmens und des CEO müssen auch thematisch aufeinander abgestimmt, miteinander vernetzt und einheitlich gestaltet werden. Es ist anzunehmen, dass nur auf diese Weise konsistente, kongruente und kontinuierliche Botschaften, Bilder und Argumente kommuniziert werden können.

Glaubwürdigkeit ist ein Erfolgsfaktor der CEO-Kommunikation. Um von den Stakeholdern als glaubwürdig wahrgenommen zu werden, müssen Vorstandsvorsitzende vertrauenswürdig, kompetent und authentisch wirken. Diese Variablen sind für sich oftmals nicht kommunizierbar. Der Aufbau von Glaubwürdigkeit kann jedoch durch eine offene, transparente, ehrliche, kontinuierliche, konsistente und kongruente Kommunikation unterstützt werden, die den Fakten entspricht. Die Kommunikation muss mit den Taten übereinstimmen, um die Glaubwürdigkeit zu sichern.

5.3 Erfolgsfaktor Bekanntheit

In der Literatur zum Markenmanagement oder der Unternehmenskommunikation wird oftmals davon ausgegangen: Je bekannter, desto besser. Stimmt das oder stimmt das nicht? Bekanntheit ist nach Buß / Fink-Heuberger ein Erfolgsfaktor für Unternehmen, da es wesentlich leichter ist öffentliche Aufmerksamkeit zu erreichen, öffentliches Ansehen zu gewinnen und es zudem die Herstellung von Publizität für die eigenen Interessen erleichtert.[345] Herbst / Scheier sehen Bekanntheit als Grundvoraussetzung an, um überhaupt ein Image aufzubauen, denn zuerst gilt es in das Bewusstsein der Bezugsgruppen einzudringen.[346] Ähnlich sieht Avenarius Bekanntheit als Grundvoraussetzung an, um überhaupt ein Image zu besitzen: „Nur wer bekannt ist, von dem kann ein Bild existieren. Der Bekanntheitsgrad ist daher das erste Kriterium einer Imageanalyse, und sich bekannt zu machen die erste PR-Aufgabe, die daraus eventuell folgt."[347] Und auch Esch meint: „Starke Marken sind bekannt."[348]

5.3.1 Bedeutung der Bekanntheit für den CEO

Gilt auch für den Vorstandsvorsitzenden: je bekannter, desto besser? Eine Untersuchung der Freien Universität Berlin kommt zu dem Ergebnis, dass sich ein prominenter Unternehmensleiter auf die Häufigkeit der Medienberichterstattung auswirkt.[349] Es wird daher angenommen, dass die Bekanntheit des CEO zu einer stärkeren Medienpräsenz für das Unternehmen führt.[350] Auch Nessmann geht davon aus, dass Menschen das Unternehmen aufmerksamer beobachten, wenn der CEO bekannt ist und sie ihn schätzen.[351] Becker / Müller bestätigen, dass der Vorstandsvorsitzende durch seine Bekanntheit eine stärkere Medienpräsenz für das Unternehmen erzielen und damit das Unternehmensprofil stärken kann.[352] Denn Aufmerksamkeit gilt als wichtigste Chance, um wahrgenommen zu werden und Botschaften zu vermitteln.[353]

Es wird jedoch auch angemerkt, dass Bekanntheit nicht zwangläufig zu einem hohen Ansehen führt. Bazil ist der Auffassung, dass Bekanntheit für sich genommen kein Garant für

---

[345] Vgl. Buß / Fink-Heuberger (2000), S. 89.
[346] Vgl. Herbst / Scheier (2004), S. 73.
[347] Avenarius (2000), S. 166.
[348] Esch (1999), S. 41.
[349] Vgl. Freie Universität Berlin (2005), S. 24.
[350] Vgl. Becker / Müller (2004), S. 6.
[351] Vgl. Nessmann (2005), S. 27.
[352] Vgl. Becker / Müller (2004), S. 6.
[353] Vgl. Piwinger / Strauss (2002), S. 14.

eine gute Reputation ist.[354] Auch Brandstätter meint, dass die Bekanntheit des CEO zwar wichtig, doch nicht alles ist.[355] Medienpräsenz ist für Heinisch daher kein Kriterium für eine hohe CEO-Reputation.[356] Die Berichterstattung über CEOs ist oftmals negativ oder kritisch, deshalb führt Bekanntheit scheinbar nicht zwangsläufig zu einem guten CEO-Image.[357] Auch die Stakeholder sehen die Bekanntheit des Vorstandsvorsitzenden scheinbar differenziert an. Nach der Hohenheimer Emotionalitätsstudie wünschen sich die Deutschen zwar auf der einen Seite mehr mediale Präsenz der Manager, dennoch tun sie sich schwer damit die Prominenz des Unternehmensleiters mit der Seriosität in Einklang zu bringen.[358] Präsenz ja, Prominenz nein? Sollte der CEO bekannt sein oder nicht? Kein anderer Faktor scheint im Zusammenhang mit der CEO-Kommunikation so kontrovers diskutiert zu werden.

Burson-Marsteller kommt bei einer CEO-Studie zu folgendem Ergebnis: „Je bekannter ein CEO ist, desto positiver beurteilen die Befragten auch dessen Reputation".[359] Ein hoher Bekanntheitsgrad wirkt sich somit auf die Wahrnehmung und Beurteilung eines Unternehmens aus, denn unbekannte Unternehmen und CEOs bleiben „blass".[360] Auch Gaitanides sieht in einem Managerstar Vorteile:

> „Managern wird in der Rolle des Entrepreneurs, Sanierers oder des Strategen die Funktion eines Qualitätsmonitors zugewiesen. Diese Screeningfunktion ermöglicht es ihnen, Ressourcen zu mobilisieren, zu akkumulieren und zu bündeln, wie es einem Kollegen ohne Starreputation unter gleichen Bedingungen nicht möglich ist. Die Qualitätsreputation macht den Top-Manager in der Starrolle rar und teuer. Kapitalgeber vertrauen ihm, wohl wissend, dass der betreffende Manager seinen Ruf aufs Spiel setzt, wenn er kommuniziertes Talent nicht verifizieren kann. Hat sich ein „Sanierungsstar" für ein Projekt entschieden, dann bereitet der Vertrauensvorschuss auf den Kapital-, Arbeits- und Gütermärkten den Boden für die Lösung eines Großteils der anstehenden Fundamentalprobleme."[361]

Somit meinen einige Befürworter, dass ein Managerstar bzw. ein sehr bekannter CEO dem Unternehmen durchaus Vorteile verschaffen kann.

Doch Jim Collins kommt in seiner Untersuchung der Faktoren, die Spitzenunternehmen auszeichnen, zu einem völlig anderen Ergebnis.[362] In einem komplizierten Verfahren untersuchte er 1435 Unternehmen und letztendlich blieben nur elf Spitzenunternehmen

---

[354] Vgl. Bazil (2001), S. 14.
[355] Vgl. Brandstätter (2006), S. 42.
[356] Vgl. Heinisch (2006), S. 258.
[357] Vgl. auch Kapitel 2.2 der Arbeit.
[358] Vgl. Fink-Heuberger (1999), S. 99.
[359] Burson-Marsteller (2001), S. 4.
[360] Vgl. Burson-Marsteller (2001), S. 3.
[361] Gaitanides (2004), S. 11.
[362] Vgl. Collins (2002), S. 24.

übrig, die alle Kriterien erfüllten. Das Ergebnis ist: Es kommt auf die Führung an. Er entdeckte, dass es nicht die profilierten Manager waren, die eine starke Persönlichkeit hatten, die Schlagzeilen machten und berühmt wurden, die ein Unternehmen zu einem Spitzenunternehmen machten. Die CEOs wahrhaftiger Spitzenunternehmen waren stille, zurückhaltende und leistungswillige Menschen. Nach seinen Ergebnissen besitzt derjenige Unternehmensführer die höchste Führungskompetenz, der sich durch persönliche Bescheidenheit und professionelle Durchsetzungskraft auszeichnet.[363] Nur dieser Manager sorgt scheinbar für nachhaltige Spitzenleistungen. Deshalb meint Collins auch: „Von außen geholte Managerstars sind einem nachhaltigen Umschwung zum Spitzenunternehmen eher abträglich".[364] Die britische Beratungsfirma Oliver, Wyman & Company hat durch eine Untersuchung ähnliche Befunde vorzuweisen wie Jim Collins.[365] Sie identifizierten den so genannten „Tycoon-Faktor". Dieser Faktor misst, wie stark der Umsatz des Unternehmens nach Einstieg des neuen CEO angestiegen ist. Das Ergebnis dieser Studie deutet darauf hin, dass häufige Kameraauftritte lediglich die Performance schmälern. Denn besonders prominente Unternehmenschefs wollten selbst zu Marken werden, drängten in die Medien und feierten nach Amtsantritt „eine wahre Orgie von Zukäufen und Fusionen."[366] Ein hoher „Tycoon-Faktor" führt scheinbar zu den größten Unternehmenspleiten. Ganz oben auf der Rankingliste des „Tycoon-Faktor" von Oliver, Wyman & Company waren u. a. Worldcom und Enron platziert.[367]

Lässt sich aus diesen Befunden nun schließen: Je unbekannter, desto besser? Casanova beurteilt diese widersprüchlichen Erkenntnisse wie folgt: „Auf Grund dieser Erkenntnis müsste sich der erfolgreiche CEO vom „Chief Executive Officer" zum „Chief Invisible Officer" wandeln."[368] Der Unternehmensleiter sollte somit jegliche Medienpräsenz vermeiden. Aufgrund der zunehmenden Personalisierung der Berichterstattung kann das jedoch kaum realisiert werden. Denn die Einflussnahme auf das Mediensystem wird gerade durch diese Tendenz wichtiger - vor allem für Vorstandsvorsitzende.[369] Eine Untersuchung von Medien Tenor ergab, dass ein CEO, der in der Medienberichterstattung weniger als zwei Beiträge pro Woche auf sich zieht, seine Botschaften nicht vermitteln kann und sich dann auf die Beiträge verlassen müssen, die nicht selbst initiiert wurden.[370] Medien Tenor fordert daher, dass sich Vorstandsvorsitzende durch aktive Kommunikation

---

[363] Vgl. Collins (2002), S. 37.
[364] Collins (2002), S. 59.
[365] Vgl. Casanova (o. J.), S. 1.
[366] Gillies (2002).
[367] Vgl. Gillies (2002).
[368] Casanova (o. J.), S. 1.
[369] Vgl. auch Kapitel 2 der Arbeit.
[370] Vgl. Medien Tenor (2003b), S. 47.

bemühen müssen die Wahrnehmungsschwelle zu durchbrechen. Diese Medienpräsenz und aktive Kommunikation zieht zwangsläufig Bekanntheit mit sich. Deshalb geht Burson-Marsteller auch davon aus, dass der Bekanntheitsgrad des CEO nicht irrelevant für seine Kommunikation und Reputation ist. Die Bekanntheit spiegelt unter anderem auch die Präsenz in den Medien oder das Engagement in der Öffentlichkeit in Form von Vorträgen und Veranstaltungen etc. wider.[371]

Das Konzept des CEO als Medienstar ist durch viele Negativ-Beispiele aus der Zeit der New-Economy umstritten. Gaines-Ross meint dennoch, dass dies differenziert anzusehen ist. Nach ihrer Auffassung gibt es einen Unterschied zwischen einem Starmanager, der scheinbar grundlos in den Medienhimmel gehoben wurde und jenen CEOs, die aufgrund ihrer Leistung zu bekannten Persönlichkeiten wurden:

> „Wo sich die Medien und die Experten irren, ist, dass sie den in letzter Zeit gründlich in Verruf geratenen, mediengefeierten und schillernden CEO verwechseln mit dem hoch angesehenen, zurückhaltenden, seriösen CEO, der durch eine starke Führung, eine klare Vision, Charakterstärke und andere Eigenschaften von seinen Mitarbeitern, seiner Branche, seinen Kollegen und gelegentlich auch von den Medien für seine hervorragende Leistung gefeiert wird. Schillernde CEOs als Medienstars sind eine Modelaune. Sie kommen und gehen, je nachdem, aus welcher Ecke der Wind gerade bläst. Sie werden gefeiert, wenn sich die Dinge gut entwickeln, und verdammt, wenn es schlecht läuft. Sie werden leicht in den Himmel gehoben und genauso schnell verteufelt. Sie sind immer für Schlagzeilen gut. Dieses Buch handelt hingegen von CEOs, von denen einige als natürliche Folge ihrer Leistungen zu Medienikonen geworden sind, von denen viele aber der breiten Öffentlichkeit unbekannt sind, die aber alle einen ausgezeichneten Job machen."[372]

So sieht Gaines-Ross Bekanntheit durchaus positiv an, wenn diese Bekanntheit durch gute Leistungen begründet ist. Es scheint so, als sei nicht alleine die Bekanntheit ausschlaggebend, sondern vor allem die positive Wahrnehmung des Vorstandsvorsitzenden in der Öffentlichkeit. Für diese positive Wahrnehmung ist der Bekanntheitsgrad nicht alleine ausschlaggebend: „Hohe Vertrauens- und Sympathiewerte sind wichtig, Personenkult ist fehl am Platz."[373]

5.3.2 Ergebnisse der Befragung zur Bekanntheit

Aus der Literatur und einigen Studien lässt sich zusammenfassen, dass einerseits gefordert wird, dass der Vorstandsvorsitzende bekannt ist, um die Möglichkeit zu erhöhen Botschaften zu senden und das Unternehmen zu repräsentieren. Andererseits sollte er nicht

---

[371] Vgl. Burson-Marsteller (2004), S. 4.
[372] Gaines-Ross (2006), S. 81.
[373] Burson-Marsteller (2004), S. 9.

zum Medienstar werden, da dies auch negative Auswirkungen auf das Unternehmen haben könnte. Jede Skandalierung und negativ bewertete Berichterstattung kann durch den engen Zusammenhang zwischen CEO-Image und Unternehmensimage zu Imageverlusten für das Unternehmen führen.[374] Der Erfolgsfaktor Bekanntheit soll nun anhand der empirischen Ergebnisse weiter analysiert werden. Die Befragten wurden gebeten, Ziele der CEO-Kommunikation zu bewerten. Dabei ergab die Gesamtbewertung der Aussage „Bekanntheit steigern" einen Mittelwert von 2,36 (Abb. 30). Ein Großteil der Kommunikationsverantwortlichen scheint nicht davon auszugehen, dass die Bekanntheitssteigerung des Vorstandsvorsitzenden sehr bedeutsam ist. Für weitaus wichtiger erachteten die befragten Teilnehmer das PR-Ziel „Positive Abstrahleffekte für das Unternehmen erzeugen" mit einem Mittelwert von 1,76. Es ist nach Meinung der Kommunikationsverantwortlichen das bedeutendste Ziel der CEO-Kommunikation.

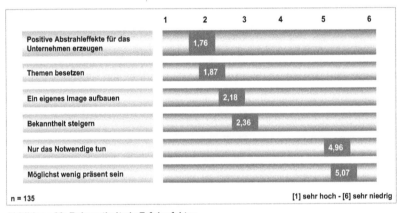

Abbildung 30: Bekanntheit als Erfolgsfaktor
Quelle: Eigene Darstellung, nach Ergebnissen der Befragung zur CEO-Kommunikation.

Die befragten Kommunikationsverantwortlichen gaben an, dass es auch in der Finanzmarkt-Kommunikation nicht primäres Ziel ist, die Bekanntheit des Vorstandsvorsitzenden zu steigern (Abb. 31). Der Mittelwert der Zustimmung liegt bei 2,39. Für die befragten Teilnehmer erscheint es wichtiger Vertrauen aufzubauen (1,70) und die Unternehmensstrategie zu vermitteln (1,79).

---

[374] Vgl. auch Kapitel 2 und 3 der Arbeit.

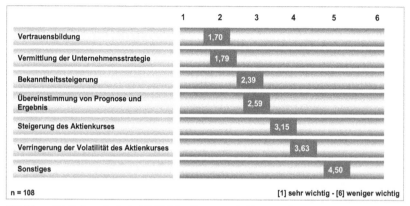

n = 108   [1] sehr wichtig - [6] weniger wichtig

Abbildung 31: Bekanntheit als PR-Ziel der Finanzmarkt-Kommunikation

Quelle: Eigene Darstellung, nach Ergebnissen der Befragung zur CEO-Kommunikation.

Die befragten Kommunikationsverantwortlichen wurden auch gebeten einzuschätzen, was Privatanleger kommunikativ am meisten überzeugt (Abb. 32). Die Bekanntheit des Vorstandsvorsitzenden erreichte auch dabei keine sehr hohe Zustimmung. Lediglich 11,68 Prozent der Befragten benannten die Bekanntheit des Vorstandsvorsitzenden als überzeugend. Eine positive Medienberichterstattung (67,15 Prozent) und Analystenempfehlungen (34,31 Prozent) sind für die Befragten bei weitem überzeugender.

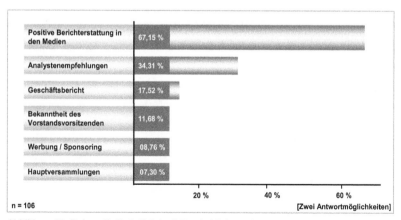

n = 106   [Zwei Antwortmöglichkeiten]

Abbildung 32: Bekanntheit als Erfolgsfaktor bei Privatanlegern

Quelle: Eigene Darstellung, nach Ergebnissen der Befragung zur CEO-Kommunikation.

Aufgrund der zunehmenden Personalisierung der Berichterstattung hat die CEO-Kommunikation jedoch einen entscheidenden Einfluss auf die Berichterstattung in den Medien. Ohne gute Kommunikationsleistung des Vorstandsvorsitzenden ist eine positive Berichterstattung in den Medien oftmals nicht möglich. Somit ist eine positive Bekanntheit des CEO durchaus bedeutend. Denn die Befragten scheinen davon auszugehen, dass sich das Image und die Bekanntheit des Vorstandsvorsitzenden wesentlich auf das Unternehmensimage und die Medienberichterstattung auswirken (Abb. 33).

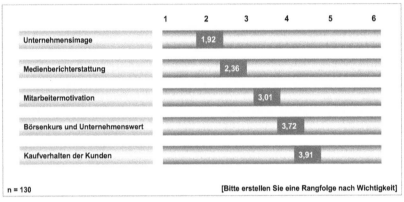

n = 130   [Bitte erstellen Sie eine Rangfolge nach Wichtigkeit]

Abbildung 33: Auswirkungen der Bekanntheit und des Images des Vorstandsvorsitzenden
Quelle: Eigene Darstellung, nach Ergebnissen der Befragung zur CEO-Kommunikation.

Die befragten Kommunikationsverantwortlichen sehen in der Steigerung der Bekanntheit des CEO kein sehr wichtiges PR-Ziel. Dennoch meinen sie, dass die Bekanntheit des CEO starke Auswirkungen auf das Unternehmensimage und die Medienberichterstattung hat. Daraus lässt sich ableiten, dass die Befragten einerseits meinen, dass der CEO positive Abstrahleffekte für das Unternehmen erzeugen soll. Deshalb sollte er seine Medienpräsenz verstärken und somit auch einen gewissen Bekanntheitsgrad bei den Stakeholdern erreichen. Andererseits soll es dennoch nicht darum gehen, die Prominenz des CEO zu steigern. Das belegt auch die Tatsache, dass die Befragten in der Darstellung der eigenen Person kein wichtiges PR-Ziel der CEO-Kommunikation sehen (Abb. 34).

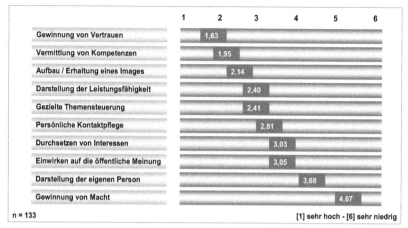

	1	2	3	4	5	6
Gewinnung von Vertrauen	1,63					
Vermittlung von Kompetenzen	1,95					
Aufbau / Erhaltung eines Images	2,14					
Darstellung der Leistungsfähigkeit	2,40					
Gezielte Themensteuerung	2,41					
Persönliche Kontaktpflege	2,81					
Durchsetzen von Interessen	3,03					
Einwirken auf die öffentliche Meinung	3,05					
Darstellung der eigenen Person	3,68					
Gewinnung von Macht	4,67					

n = 133   [1] sehr hoch - [6] sehr niedrig

Abbildung 34: PR-Ziele der CEO-Kommunikation

Quelle: Eigene Darstellung, nach Ergebnissen der Befragung zur CEO-Kommunikation.

Je bekannter, desto besser. Stimmt es oder stimmt es nicht? Aufgrund der Ergebnisse ist davon auszugehen, dass die Befragten den Erfolgsfaktor Bekanntheit differenziert ansehen. Die Präsenz in den Medien und das Pflegen der Bekanntheit sind nicht als Endziel anzusehen. Die Zielgröße ist eine gute Reputation und damit eine qualitative Bekanntheit. Für ein gutes Unternehmensimage ist es von Bedeutung, dass es dem CEO gelingt über den Personalisierungsprozess ein gutes Image zu erlangen.[375] Ein gewisses Maß an Bekanntheit ist kaum zu vermeiden. Letztendlich gehört es auch zu den Aufgaben des Unternehmensleiters die Stakeholder zu überzeugen, öffentlich Stellung zu nehmen und Handlungsweisen zu rechtfertigen. Besonders in Krisenzeiten oder zu Themen, die von öffentlichem Interesse sind, muss der CEO öffentlich Stellung beziehen. Dies bestätigt auch Gaines-Ross:

> „Wenn Medienrummel und Kultstatus um ihrer selbst willen auch vermieden werden sollten, so muss sich ein CEO jedoch darauf vorbereiten, dass er unter Umständen gezwungen ist, proaktiv in die Öffentlichkeit zu treten. CEOs mögen durchaus bestrebt sein, ihr Selbstverständnis als Unternehmenslenker über die Unternehmensgrenzen hinaus auszudenken. Ein bekannter Name und ein hohes, auf echten Meriten basierendes Ansehen werden ihnen sehr von Nutzen sein, vorausgesetzt, dass ihre Namen wie die Namen von Lincoln und Sokrates für Integrität, Humanität, vorbildliche Unternehmensführung, Sorge um das öffentliche Wohl und Ehrlichkeit stehen, und nicht nur für leeren Hype."[376]

---

[375] Vgl. Buß / Fink-Heuberger (2000), S. 174.
[376] Gaines-Ross (2006), S. 169.

Vorstandsvorsitzende müssen bereit sein, sich öffentlich zu äußern und die Unternehmensverantwortung zu übernehmen. Hinzu kommt, dass der Einsatz des CEO im Rahmen von Kommunikationsmaßnahmen unter den Kriterien der Nachrichtenwerttheorie als prominentester Mitarbeiter des Unternehmens auch die Chancen zur Medienberichterstattung erhöht. Außerdem kann ohne Bekanntheit keine CEO-Reputation aufgebaut werden. So stellt auch Brandstätter fest: „Aber wie sollen die Firma und ihr Chef eine gute Nachrede haben, wenn niemand sie kennt? Genau das ist das Dilemma beziehungsweise die Herausforderung - in den Medien im Gespräch bleiben, aber nie ins Gerede kommen".[377] Aus den Ergebnissen lässt sich also ableiten, dass Bekanntheit - eine *qualitative* Bekanntheit - ein Erfolgsfaktor der CEO-Kommunikation ist.

5.3.3 Umsetzung der Bekanntheit

Der CEO soll positive Abstrahleffekte für das Unternehmen erzeugen, deshalb muss er eine qualitative und positive Bekanntheit erreichen (Abb. 35). Ein unbekannter CEO kann keine Abstrahleffekte – weder positive noch negative - erzeugen, da Stakeholder mit seiner Person keine Werte, Botschaften oder Eigenschaften verbinden können.

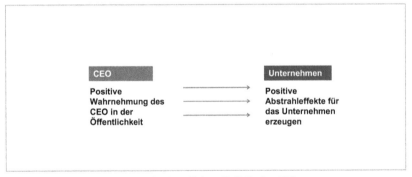

Abbildung 35: Bedeutung der qualitativen Bekanntheit für den CEO
Quelle: Eigene Darstellung, nach Ergebnissen der Befragung zur CEO-Kommunikation.

Der Vorstandsvorsitzende sollte demnach zwar Aufmerksamkeit auf sich ziehen, doch es geht nicht darum einen Medienstar zu erschaffen. Der Star bleibt das Unternehmen. Medien Tenor geht davon aus, dass die Quantität der Berichterstattung alleine nicht ausreichend ist: „Die Präsenz der Führungsspitze ist zwar wichtiger geworden, doch manche

---

[377] Brandstätter (2006), S. 43.

Unternehmen machen aus ihrem CEO eine Celebrity – mit der Folge, daß die Kern-Kompetenzen in der Wahrnehmung verloren gehen."[378] In der CEO-Kommunikation gilt offensichtlich: Klasse statt Masse. Der CEO sollte Anerkennung und Wertschätzung erhalten: „Wertvolles CEO-Kapital gründet auf Leistung, nicht auf einer großen Fangemeinde".[379] Es geht darum, eine positive Wahrnehmung des CEO in der Öffentlichkeit zu erreichen. Auch Burson-Marsteller bestätigt das: „Ziel muss es sein, sowohl innerhalb als auch außerhalb des Unternehmens ein klares Bild des Vorstandsvorsitzenden aufzubauen. Der CEO als Gesicht des Unternehmens muss für dessen Werte und Ziele stehen und die Firmenstrategie nach ethischen Grundsätzen umsetzen."[380]

Eine erfolgreiche CEO-Kommunikation lässt sich nicht an der *Anzahl* der Presseclippings messen, sondern an ihrer *Qualität*. Nach Gaines-Ross geht es deshalb vor allem darum, die Leistungsfähigkeit des CEO darzustellen, nicht darum Prominenz zu erreichen.[381] Es muss genau geplant werden, wo der CEO auftritt und was er preisgibt. Die Positionierung und Platzierung des Unternehmensleiters in den Medien sollte sich darauf fokussieren Respekt und Anerkennung für die Leistungen zu verschaffen. Die CEO-Kommunikation muss deshalb inhaltsvoll gestaltet werden, d. h. Medienauftritte müssen mit Inhalten gefüllt werden, die dem CEO dazu verhelfen ein Profil aufzubauen, das auf seinen Leistungen, Erfolgen und Zielen für das Unternehmen gründet.

Die qualitative Bekanntheit ist ein Erfolgsfaktor der CEO-Kommunikation. Es geht darum, eine positive Wahrnehmung des Vorstandsvorsitzenden in der Öffentlichkeit zu erzielen. Medienauftritte ohne Botschaften und Inhalt sollten vermieden werden, denn es geht nicht vorrangig darum, die Prominenz des Unternehmensleiters zu fördern. Die Leistungen des CEO stehen im Vordergrund. Nur auf diese Weise kann der CEO eine qualitative Bekanntheit erzielen und durch ein gutes CEO-Image positive Abstrahleffekte für das Unternehmen erzeugen.

---

[378] Medien Tenor (2003c), S. 47.
[379] Gaines-Ross (2006), S. 134.
[380] Burson-Marsteller (2004), S. 9.
[381] Vgl. Gaines-Ross (2006), S. 134.

5.4 Erfolgsfaktor Markenrepräsentanz[382]

Die Marke spielt für Unternehmen heute eine bedeutende Rolle, um sich von den Mitbewerbern zu differenzieren. Der konsequente Markenaufbau wird daher immer wichtiger. Nach Esch / Tomczak / Kernstock / Langner hat die Unternehmensmarke folgende Funktion: „Um ein klares Unternehmensbild schaffen und um Stakeholder-Beziehungen gezielt aufbauen und pflegen zu können, bedarf es eines Mediums, eines Ankers, an dem Unternehmen ihre Botschaften und die Anspruchsgruppen ihre Assoziationen festmachen können. Diese Aufgabe kann die Corporate Brand erfüllen".[383] Es wird also darauf hingewiesen, dass es eines Mediums bedarf, an dem die Botschaften des Unternehmens festgemacht werden können.

Weiter führen sie an, dass die Aufgabe der obersten Führungsebene darin besteht, die adäquate Handhabung der Unternehmensmarke zu erkennen und zu steuern. Das Spitzenmanagement muss die Unternehmensidentität vorleben, Commitment für die Idee und Werte der Unternehmensmarke zeigen, die Unternehmensmarke für die strategische Ausrichtung des Unternehmens nutzen und den richtigen Mix zwischen Verantwortung und Delegation des Managements wählen.[384] Vorstandsvorsitzende sollten die Unternehmensidentität vorleben und Commitment für die Werte der Unternehmensmarke zeigen. Es wird jedoch nicht ausdrücklich darauf hingewiesen, dass es Aufgabe des Unternehmensleiters ist, die Unternehmensmarke zu repräsentieren und zu verkörpern.

5.4.1 Bedeutung der Markenrepräsentanz für den CEO

In Zeiten globalisierter Wirtschaftsmärkte und einer sich immer schneller verändernden Umwelt, erfährt die Komplexität der Koordinationsaufgaben für Führungskräfte ein zunehmendes Wachstum. Stakeholder schauen an die Spitze, um sich eine Meinung über das Unternehmen zu bilden. Durch die veränderten Rahmenbedingungen gewinnt die Repräsentation des Unternehmens durch den CEO immer mehr an Bedeutung.[385] Die gleiche Auffassung wird von Birkelbach vertreten, die in der Repräsentation unter den Bedingungen der Mediengesellschaft eine ganz besondere Herausforderung für Vor-

---

[382] In diesem Teil der Arbeit wird Markenrepräsentanz mit der Repräsentation der Unternehmensmarke gleichgesetzt. In Unternehmen, in der die Unternehmensmarke selbst relativ unbekannt ist und das Unternehmen viele Einzelmarken umfasst wie z. B. Beiersdorf oder Henkel lässt sich dieser Erfolgsfaktor vermutlich nicht auf die gleiche Weise umsetzen. In diesen Fällen könnte es notwendig sein, die übergeordneten Werte, Themen und Botschaften, die alle Einzelmarken gemein haben zusammenzufassen und konsistent zu kommunizieren.
[383] Esch / Tomczak / Kernstock / Langner (2004), S. 30.
[384] Vgl. Esch / Tomczak / Kernstock / Langner (2004), S. 47.
[385] Vgl. Scheurer (2001), S. 3.

standsvorsitzende sieht.[386] Denn der Unternehmensleiter wird durch die Personalisierung der Berichterstattung immer mehr als Gesicht und Stimme des Unternehmens wahrgenommen. Der Vorstandsvorsitzende wird somit wie kein anderer Mitarbeiter mit dem Unternehmen identifiziert. Für Wachtel ist er daher Botschafter an vorderster Front.[387] Aufgrund dieser Entwicklungen müsste jedoch nicht nur die strategische Planung der Unternehmensmarke, sondern auch die Kommunikation der Markenidee und der Botschaften in seinen Aufgabenbereich fallen. Bislang trifft dies vor allem auf größere Unternehmen zu. Vorstandsvorsitzende kleinerer oder mittelständischer Unternehmen sind bis auf wenige Ausnahmen der breiten Öffentlichkeit nicht signifikant bekannt. Das dürfte sich unter den Bedingungen der Mediengesellschaft weiter ändern, denn jede Botschaft braucht scheinbar ein Gesicht.[388]

Es ist anzunehmen, dass der CEO in der öffentlichen Wahrnehmung durch Personalisierungstendenzen immer mehr zum Gesicht des Unternehmens wird. Heute bezieht sich beinahe 20 Prozent der Unternehmensberichterstattung auf den CEO. In fast 30 Prozent der gesamten Unternehmensberichterstattung wird ein Bild des Vorstandsvorsitzenden verwendet.[389] Es wird daher zunehmend „als das Sprachrohr seines Unternehmens angesehen, das die Strategie und die langfristigen Ziele seines Unternehmens klar und präzise formuliert."[390] Komplexe wirtschaftliche Sachverhalte lassen sich einfacher an einer Person darstellen. Das entspricht der Annahme von Seitz, nach der nur Gesichter Vermittler zwischen komplexen Sachverhalten und der Öffentlichkeit sein können.[391] Personalisierung bedeutet deshalb letztendlich auch das Verknüpfen einer Person mit Informationen und Sachverhalten.[392] Themen und Botschaften bekommen erst dadurch ein Gesicht. Die Macht der Medien bedeutet, dass sie die Macht über Themen, Informationen, Bedeutungen und Interpretationen haben. Gerade deshalb ist in der CEO-Kommunikation vor allem die Profilbildung über Themen und Kernbotschaften des Unternehmens notwendig, denn es geht nicht um medienwirksame, aber inhaltsleere Inszenierungen.[393]

In der Praxis gibt es Beispiele von Unternehmensleitern, die die Markenrepräsentanz erfolgreich umsetzen. Die DaimlerChrysler AG setzt die Markenrepräsentanz konsequent um: Zetsche, CEO des Unternehmens, ist neuerdings Hauptprotagonist der US-Werbespots. Das Unternehmen setzt darauf, dass der Unternehmensleiter die Marke erfolgrei-

---

[386] Vgl. Birkelbach (2004), S. 96.
[387] Vgl. Wachtel (2005), S. 54.
[388] Vgl. auch Kapitel 2.2 der Arbeit.
[389] Vgl. Ergebnisse der Befragung zur CEO-Kommunikation.
[390] Richmond (2002), S. 60.
[391] Vgl. Seitz (2004), S. 81.
[392] Vgl. Kirchner / Brichta (2002), S. 31.
[393] Vgl. Becker / Müller (2004), S. 5. Vgl. auch Kapitel 5.3 der Arbeit.

cher vertreten kann als jeder bezahlte Werbeträger. Auch Wendelin Wiedeking, CEO der Porsche AG, sieht die Definition der Botschaften und die persönliche Repräsentation dieser Botschaften in der Öffentlichkeit als seine Aufgabe an.[394] Tatsächlich entspricht Wiedeking damit den neuen Anforderungen der Stakeholder. Unternehmen werden heute nicht mehr nur produkt- bzw. funktionsspezifisch betrachtet. Die Öffentlichkeit sucht zunehmend nach personifizierten Marken, nach personifizierbaren Unternehmen, denn man will die Menschen sehen, die hinter dem Produkt stehen.[395] Da Menschen zur Personifizierung neigen, wird der CEO häufig mit dem Unternehmen gleichgesetzt.[396]

Unter den Bedingungen der Mediengesellschaft kommt dem CEO als Markenrepräsentant scheinbar eine zunehmende Bedeutung zu. Darauf deuten auch neuere Studien hin. Eine Untersuchung der Freien Universität Berlin ergab, dass acht von zehn Befragten davon überzeugt sind, dass ein Unternehmen ein persönliches Gesicht braucht, um in der Öffentlichkeit nachhaltig zu wirken.[397] Und auch Burson-Marsteller hat ähnliche Ergebnisse einer CEO-Studie vorzuweisen: „Der Vorstandsvorsitzende ist nicht nur der Mann an der Spitze, sondern auch das Gesicht des Unternehmens. Für viele verkörpert er das Unternehmen."[398] Damit wird er auch zum „zentralen Vermittler von Werten und Kernbotschaften des Unternehmens".[399] Nach Publicis Sasserath zahlt der CEO als erster Botschafter der Marke ebenso auf das Konto der Unternehmensmarke ein wie z. B. eine Werbekampagne.[400] Im Rahmen einer Befragung von Kommunikationsverantwortlichen aus Unternehmen kam Huck zu dem Ergebnis: Vorstandsvorsitzende „repräsentieren das Unternehmen nach innen und außen und verkörpern im Idealfall die Einheit von Reden und Handeln".[401] Die wahrgenommenen Charaktereigenschaften des CEO werden auf das Unternehmen extrapoliert.[402]

Aufgrund dieser Entwicklungen sieht Casanova Markenrepräsentanz als eine zentrale Aufgabe des CEO an, denn er „verkörpert durch seine Wesensart, durch seine wahrnehmbaren Charaktereigenschaften sowie durch sein in der Öffentlichkeit dargestelltes Bild das ansonsten nicht konkret spürbare, anonyme Unternehmen".[403] Richmond meint, dass die Funktion des Chief Reputation Officer (CRO) für den CEO ein zentraler Be-

---

[394] Vgl. Buß / Fink-Heuberger (2000), S. 171.
[395] Vgl. Buß / Fink-Heuberger (2000), S. 172.
[396] Vgl. Burson-Marsteller (2001), S. 7.
[397] Vgl. Freie Universität Berlin (2005), S. 28.
[398] Burson-Marsteller (2004), S. 9.
[399] Becker / Müller (2004), S. 3.
[400] Vgl. Publicis Sasserath (2004)
[401] Huck (2006), S. 64.
[402] Vgl. Casanova (2004), S. 55.
[403] Casanova (2004), S. 57.

standteil der Verantwortung geworden ist.[404] Dennoch geht Rolke davon aus, dass sich Markenbildung in der Wirtschaft bislang vor allem auf Produkte und auf Unternehmen bezieht.[405] In der Politik ist es seit längerem verständlich, dass die Regierungsspitze für das öffentliche Image verantwortlich ist, doch es ist – nach Meinung von Richmond - Zeit, dass dies auch in Unternehmen als selbstverständlich vorausgesetzt wird.[406] Auch Rolke merkt an, dass Politiker die politischen Botschaften selbst verkörpern müssen, doch bei Produktbotschaften der bezahlte Werbeträger ausreicht.[407]

Die Symbolisierung durch Personen wird scheinbar auch in der Wirtschaft wichtiger. Dies bestätigt Diehl: „Je weniger Menschen die Komplexität der Inhalte und Systeme verstehen, desto mehr suchen sie die Vermittlung dieser Komplexität durch Personen, die greif- und begreifbar sind (Symbolfunktion)."[408] Auch Radunski geht davon aus, dass Wirtschaftsführer sich nicht anders verhalten dürfen als Politiker, denn auch in der Wirtschaft gilt: „You are the message".[409] Nach Scheurer ist die Symbolisierung des Unternehmens eine Besonderheit der Repräsentation durch Führungskräfte des Unternehmens.[410] Die Führungskraft verkörpert das Unternehmen. Der CEO wird zum Markenrepräsentanten, da Menschen in einer komplexeren Umwelt Orientierung suchen und diese meist in Personen finden. Der Vorstandsvorsitzende symbolisiert somit das Unternehmen und muss auch ganz konkret Inhalte vermitteln. Unternehmensleiter müssen die Marke vorleben. Es sollte in ihren Aufgabenbereich fallen Themen zu besetzen, Botschaften zu senden und Ideale des Unternehmens zu verkörpern.

5.4.2 Ergebnisse der Befragung zur Markenrepräsentanz

Obwohl in der Literatur zum Markenmanagement die Funktion des CEO als Markenrepräsentanten oftmals nicht erkannt wird, sprechen neuere Studien und Aufsätze zur CEO-Kommunikation dafür, dass Markenrepräsentanz für den CEO zum Erfolgsfaktor wird. Es wird heute vermehrt darauf hingewiesen, dass der Vorstandsvorsitzende das Unternehmen verkörpern sollte. Denn er wird von den Stakeholdern als Gesicht und Stimme des Unternehmens wahrgenommen. Die Führungsspitze sollte deshalb die Werte, Ziele und ethischen Grundsätze des Unternehmens darstellen. Diese Markenrepräsentanz kann vor allem mit dem Besetzen von Themen und der Vermittlung von Botschaften erreicht wer-

---

[404] Vgl. Richmond (2002), S. 55.
[405] Vgl. Rolke (2003a), S. 161.
[406] Vgl. Richmond (2002), S. 55.
[407] Vgl. Rolke (2003a), S. 161.
[408] Diehl (2005), S. 50.
[409] Radunski (2002), S. 101.
[410] Vgl. Scheurer (2001), S. 39.

den. Es erschien daher sinnvoll zu prüfen, ob die Themenbesetzung nach Meinung der Befragten in der CEO-Kommunikation eine wichtige Bedeutung hat. Die befragten Kommunikationsverantwortlichen wurden gebeten, das PR-Ziel „Themen besetzen" zu bewerten (Abb. 36). Die Themenbesetzung wird mit einem Mittelwert von 1,87 als eines der wichtigsten Ziele der CEO-Kommunikation angesehen.

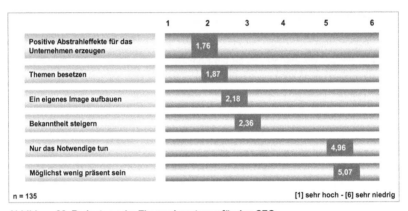

Abbildung 36: Bedeutung der Themenbesetzung für den CEO
Quelle: Eigene Darstellung, nach Ergebnissen der Befragung zur CEO-Kommunikation.

Obwohl das Besetzen von Themen für sehr wichtig befunden wird, gehört die gezielte Themensteuerung scheinbar noch nicht zu den wichtigsten Zielen der CEO-Kommunikation (Abb. 37). Diese Tatsache deutet darauf hin, dass die Kommunikationsverantwortlichen das Besetzen von Themen und die Markenrepräsentanz zwar als Erfolgsfaktor ansehen. Die gezielte Themensteuerung für den CEO wird in ihrem Unternehmen jedoch noch nicht umgesetzt.

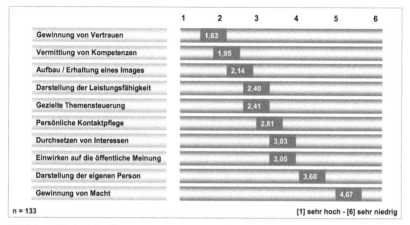

	1	2	3	4	5	6
Gewinnung von Vertrauen	1,63					
Vermittlung von Kompetenzen	1,95					
Aufbau / Erhaltung eines Images	2,14					
Darstellung der Leistungsfähigkeit	2,40					
Gezielte Themensteuerung	2,41					
Persönliche Kontaktpflege	2,81					
Durchsetzen von Interessen	3,03					
Einwirken auf die öffentliche Meinung	3,05					
Darstellung der eigenen Person	3,68					
Gewinnung von Macht	4,67					

n = 133   [1] sehr hoch - [6] sehr niedrig

Abbildung 37: Gezielte Themensteuerung als PR-Ziel
Quelle: Eigene Darstellung, nach Ergebnissen der Befragung zur CEO-Kommunikation.

Die Kommunikationschefs wurden gefragt, wie die Strategie für die CEO-Kommunikation in ihrem Unternehmen aussieht. Die Hälfte der Befragten gab an, dass sie ein zielgerichtetes Profil in Form von Markenrepräsentanz nutzen (Abb. 38). Der CEO wird als Gesicht des Unternehmens dargestellt und zum Träger wichtiger unternehmensspezifischer Themen. Es ist deshalb davon auszugehen, dass die Teilnehmer Markenrepräsentanz als Erfolgsfaktor der CEO-Kommunikation ansehen.

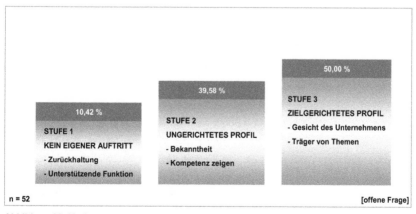

n = 52   [offene Frage]

Abbildung 38: Markenrepräsentanz als Erfolgsfaktor
Quelle: Eigene Darstellung, nach Ergebnissen der Befragung zur CEO-Kommunikation.

85

Auch die Ergebnisse anderer Studien belegen, dass es eine wichtige Aufgabe des Vorstandsvorsitzenden ist, das Unternehmen zu repräsentieren. Nach einer Untersuchung
des Instituts für Demoskopie Allensbach zählt die Repräsentation des Unternehmens -
sowohl intern als auch extern - zu den wichtigsten Kommunikationsaufgaben des CEO
(Abb. 39).

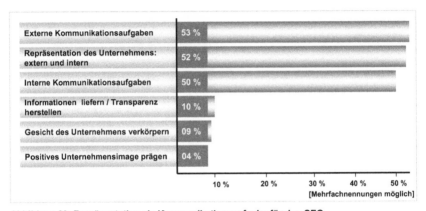

Abbildung 39: Repräsentation als Kommunikationsaufgabe für den CEO
Quelle: Eigene Darstellung, nach Institut für Demoskopie Allensbach (2005), S. 6 ff.

Nach einer Untersuchung von Burson-Marsteller sind die Themen, die der CEO persön-
lich nach außen kommunizieren sollte die Unternehmensziele und –politik (78 Prozent),
Serviceinitiativen für Kunden (73 Prozent) und die Geschäftsentwicklung (70 Prozent).[411]
Es gibt offensichtlich Themen, die per se in den Aufgabenbereich des CEO fallen. Die
Themen und Kommunikationsinhalte, die vom CEO kommuniziert werden sollten, müssen
daher von den Themen abgegrenzt werden, die der Pressesprecher kommuniziert.

Die Ergebnisse bestätigen die Erkenntnisse neuerer Aufsätze und Studien zur CEO-
Kommunikation. Markenrepräsentanz ist ein Erfolgsfaktor der CEO-Kommunikation. Es
fällt in den Aufgabenbereich des CEO Botschaften zu senden, Themen zu besetzen und
das Unternehmen mit seiner Strategie, Visionen und Werten zu repräsentieren. Neben
der Bekanntheit und Glaubwürdigkeit, die vielmehr auf die Akzeptanz des Unternehmensleiters abzielen, kann das CEO-Image durch den Erfolgsfaktor Markenrepräsentanz
ganz konkret durch Inhalte angereichert werden, indem die Unternehmensmarke symbolisiert wird.

---

[411] Vgl. Burson-Marsteller (2004), S. 7.

5.4.3 Umsetzung der Markenrepräsentanz

Die Umsetzung der Markenrepräsentanz kann durch Themenbesetzung und Kommunikation der Kernbotschaften und Werte des Unternehmens erfolgen. Schulz sieht die Herausforderung der Kommunikation heute darin, „Themen als Deutungsmuster im Markt der Öffentlichkeit zu vermitteln und durchzusetzen."[412] Gerade aktuelle Themen und Botschaften stellen Differenzierungsmöglichkeiten dar. Unter den Bedingungen der Mediengesellschaft wird scheinbar nur das beachtet, was ein Gesicht hat.[413] Deshalb meinen auch Langen / Fischer, dass nicht mehr alleine das Image einer Person oder einer Marke Differenzierungsmerkmale bietet, sondern vielmehr Themen und Inhalte.[414] Durch die ständige Kommunikationsflut, in der sich Rezipienten befinden, bieten lediglich Inhalte die Möglichkeit sich von Wettbewerbern abgrenzen zu können.[415]

Die Bedeutung der Steuerung von Themen wird von Unternehmen erkannt. Das Issues Management wird heute in vielen Unternehmen umgesetzt und entspricht der kontinuierlichen Professionalisierung der Kommunikation.[416] Nach Bentele / Hoepfner bietet das Issues Management nicht nur die Möglichkeit potenzielle Chancen- und Risikothemen zu steuern, sondern auch eine Marke zu positionieren und darzustellen:

> „Issues Management kann ein wichtiges Verfahren darstellen, welches die informatorische Basis für jegliche Positions- und Richtungsbestimmung im Rahmen der Entwicklung der Marke im öffentlichen Raum liefert. Mit Hilfe des Issues Management können Markenpositionierungen aufgezeigt und beschrieben werden. Sowohl chancen- als auch risikohafte Issues können bereits frühzeitig aufgespürt werden, um ihnen kommunikativ angemessen zu begegnen und um die Marke so strategisch zu führen".[417]

Das Issues Management kann daher auch für den CEO gezielt genutzt werden. Der Themensteuerung für den Unternehmensleiter liegt nach Wachtel das Issues Management zugrunde, das Instrumente der Frühwarnung und des Agenda-Setting beinhaltet, um Themen zu analysieren und evaluieren, auszuwählen und ihre Deutung zu steuern.[418] Die Ansprache der Stakeholder und Zielgruppen muss inhaltlich, d. h. durch Themenführerschaft in Form von Schlüsselbotschaften, als auch formal, d. h. durch Ereignismanagement und Medienplatzierung erfolgen.[419] Um die Marke zu repräsentieren, müssen Kernaussagen und Kernbotschaften des Unternehmens verinnerlicht, Kernwerte des Un-

---

[412] Schulz (2004), S. 30.
[413] Vgl. Rolke (2003a), S. 167.
[414] Vgl. Langen / Fischer (2001), S. 11 ff.
[415] Vgl. Langen / Fischer (2001), S. 13.
[416] Vgl. auch Kapitel 2.3 der Arbeit.
[417] Bentele / Hoepfner (2004), S. 30.
[418] Vgl. Wachtel (2004a), S. 13.
[419] Vgl. Casanova (2004), S. 61.

ternehmens gelebt und diese Botschaften immer wiederholt werden.[420] Dabei kommt es nach Bentele / Hoepfner auch darauf an, die Kerngedanken der Marke immer wieder auf neue und faszinierende Weise an die Öffentlichkeit zu vermitteln.[421]

Viele Redaktionen beklagen nach Meinung von Irrle, dass die eingeladenen Personen nicht immer über Botschaften mit aktuellem Nachrichtenwert verfügen.[422] Um aktuelle Botschaften zu haben, müssen nach Schmidt die Positionierungsinhalte des Unternehmens in Aussagen und Handlungen, in Kernbotschaften und Leitlinien übersetzt werden, so dass sie dem Kommunikator als Hilfestellung dienen.[423] Um zu ermöglichen, dass sich der CEO zu wichtigen Themen äußert, kann es hilfreich sein eine Datenbank mit Zitaten zu erstellen, die anhand von Themen strukturiert wird.[424] Ziele, Werte und Stil des Unternehmens müssen kontinuierlich kommuniziert werden, um die Wettbewerbsstellung im Markt zu kennzeichnen.[425] Nur durch kontinuierliche und konsistente Kommunikation relevanter Themen und Botschaften kann der CEO das Unternehmensimage stärken. In Zeiten der Reizüberflutung kann der CEO durch die Darstellung der Unternehmensmarke das Bild in der Öffentlichkeit beeinflussen und stärken. Durch diese Markenrepräsentanz wird der CEO nach Casanova als CRO des Unternehmens dargestellt und gibt dem Unternehmen wettbewerbsrelevante Reputationsimpulse.[426]

Der Vorstandsvorsitzende ist als Markenrepräsentant „der zentrale Vermittler von Werten und Kernbotschaften des Unternehmens".[427] Gerade durch diese neue Rolle als Gesicht des Unternehmens und Träger von Themen gehen Bentele / Hoepfner davon aus, dass Vorstandsvorsitzende als Markenrepräsentanten jegliche Diskrepanz zwischen Unternehmensimage und dem eigenen Image vermeiden sollten:

> „Hat das Unternehmen, an dessen Spitze der Vorstandsvorsitzende steht, ein grundsolides Image, kann er diese durch die private Nutzung einer als ebenfalls solide geltenden Diesel-Limousine oder durch den regelmäßigen Kirchen-Besuch stärken und stützen bzw. durch die private Nutzung eines auffälligen Sportwagens oder durch Medien-Berichte über ausschweifende Parties in der High-Society zerstören. Der Zusammenhang zwischen den Komponenten „Privatmann" und „Geschäftsmann" und der Personenmarke „Vorstandsvorsitzender" wird leicht ersichtlich, wenn er privat ausschweifend lebt und dieses auch zeigt, das Unternehmen, dem er vorsteht, zur selben Zeit aber Mitarbeiter entlässt oder die Preise der Produkte und Dienstleistungen erhöht. In diesem Fall kommt es zu einer kommunikativen Dissonanz bzw. *Diskrepanz* bei allen Menschen die hiervon Kenntnis nehmen: Die Marke

---

[420] Vgl. Bentele / Hoepfner (2004), S. 30 ff.
[421] Vgl. Bentele / Hoepfner (2004), S. 32.
[422] Vgl. Irrle (2004), S. 48.
[423] Vgl. Schmidt (2004), S. 54.
[424] Vgl. Wachtel (2004a), S. 13.
[425] Vgl. Piwinger (2002), S. 8.
[426] Vgl. Casanova (2004), S. 61.
[427] Becker / Müller (2004), S. 3.

„Vorstandsvorsitzender" erscheint inhomogen, das Vertrauen in diese Marke nimmt ab: Der Rezipient, der widersprüchliche Kommunikationsbotschaften zu einer Marke aufnimmt, weiß nicht mehr, wofür diese Marke steht."[428]

Der Vorstandsvorsitzende muss die Unternehmensmarke glaubwürdig vorleben und repräsentieren. Das Bild des CEO – nach innen und außen – muss konsistent sein, sonst erleidet auch das Unternehmen Imageverluste. In seinem Buch „Der Mensch als Marke" beschreibt Herbst, dass die Persönlichkeit im Mittelpunkt der Vermarktung der Leistung von Menschen steht: „Wie die Persönlichkeit des Menschen steht auch die Produktpersönlichkeit aus einem Merkmal bzw. der Kombination von Merkmalen, die die Marke kennzeichnet und von anderen Marken dauerhaft unterscheidet: Steffi Graf steht für Sportlichkeit, Harald Schmidt für beißenden Humor und Valentino für Prestige."[429] Der Erfolgsfaktor Markenrepräsentanz bedeutet jedoch nicht den Aufbau einer eigenen CEO-Marke, die neben der Unternehmensmarke steht. Vielmehr scheint es darum zu gehen, dass der Unternehmenschef die Merkmale, die sein Unternehmen auszeichnen, in der Öffentlichkeit repräsentiert. Der Unternehmensleiter muss sich daher der Unternehmensmarke unterordnen. Gleichzeitig darf sich das CEO-Image nicht zu weit vom Unternehmensimage entfernen, sonst entsteht eine Kluft, die die Stakeholder wahrnehmen. Der CEO symbolisiert somit die Unternehmensmarke und es geht nicht um den Aufbau einer CEO-Marke. Es ist anzunehmen, dass der CEO der Zukunft als Repräsentant der Unternehmensmarke eine zentrale Rolle in der Unternehmenskommunikation spielt. Erfolgreiche Beispiele wie Wiedeking oder Zetsche beweisen, dass dies zu guten Ergebnissen führen kann, die das Unternehmensimage optimieren.

Markenrepräsentanz ist ein Erfolgsfaktor der CEO-Kommunikation. Um das Unternehmensimage zu stärken und die Stakeholder zu beeinflussen, muss der Unternehmensleiter fähig sein, die Unternehmensmarke zu verkörpern. Er muss Botschaften senden, Vision und Strategie vermitteln, Themen besetzen und dadurch ein Profil bilden, das dem Profil der Unternehmensmarke entspricht. Eine gezielte Themensteuerung und der Aufbau einer Datenbank mit Zitaten können den CEO dabei unterstützen die Unternehmensmarke in der Öffentlichkeit zu repräsentieren.

---

[428] Bentele / Hoepfner (2004), S. 16 ff.
[429] Herbst (2002), S. 183.

5.5. Erfolgsfaktor Überzeugungskraft

Um im Wettbewerb bestehen zu können, geht es heute für Unternehmen vermehrt darum, die Stakeholder zu überzeugen.[430] Bereits im Jahr 1651 kam Thomas Hobbes zu dem Ergebnis, dass es bei der Kunst zu überzeugen nicht mehr alleine um weiche Faktoren geht: „Der Zweck der Beredsamkeit ist nicht die Wahrheit (ausgenommen zufällig), sondern der Sieg. Und deren Aufgabe nicht die Belehrung, sondern die Überzeugung".[431] Für Merten ist die Überzeugung als Grundfunktion der PR zu verstehen.[432] Unternehmen müssen Stakeholder von ihrer Unternehmensstrategie, von der Qualität ihrer Produkte und auch - wie bereits beschrieben - von ihrem gesellschaftlichen Verantwortungsbewusstsein überzeugen. Jegliche Aussage des Unternehmens zielt nach Meinung von Wachtel grundsätzlich auf die Beeinflussung der Überzeugung der Stakeholder ab.[433] Diese befinden sich heute durch die steigende Mediennutzung in einer Informationsflut. Aufmerksamkeit ist zwar wichtig für Unternehmen, doch es reicht nicht mehr nur Informationen und Botschaften zu senden. Was heute zählt, sind vor allem überzeugende Argumente. Für Unternehmen geht es heute verstärkt darum, die Stakeholder zu überzeugen – nicht nur zu informieren.

5.5.1 Bedeutung der Überzeugungskraft für den CEO

Auch für den Unternehmensleiter wird es wichtiger die Stakeholder zu überzeugen. Nach Haver ist Führung daher „zu einem dynamischen Überzeugungsprozess" geworden.[434] Die Rolle des CEO in der Unternehmenskommunikation liegt vor allem in der überzeugenden Vermittlung strategischer wie operativer Unternehmensziele.[435] Auch Wachtel sieht im Überzeugen der Stakeholder eine der größten Herausforderungen für Vorstandsvorsitzende: „Vorstände verwenden heute den größten Teil ihrer Zeit darauf, Menschen zu überzeugen".[436] 60 bis 70 Prozent seiner Arbeitszeit verbringt der Unternehmensleiter mit der Überzeugungsarbeit.[437] Überzeugungskraft in der Kommunikation wird für den CEO wichtiger. Denn er ist heute (mit-)verantwortlich dafür, die Stakeholder von der Unternehmensstrategie, der Vision und der Zukunftsfähigkeit der Organisation zu überzeugen.

[430] Vgl. Langen / Fischer (2001), S. 3.
[431] Zitiert in Haver (2003), S. 107.
[432] Vgl. Merten (1999), S. 261.
[433] Vgl. Wachtel (1999), S. 56.
[434] Haver (2003), S. 99.
[435] Vgl. Haver (2003), S. 96.
[436] Wachtel (2004b), S. 71.
[437] Vgl. Wachtel (2003), S. 65.

Der Grund für die Bedeutung der Überzeugungskraft liegt nach Deekeling auch darin, dass dem Vorstandsvorsitzenden die Aufgabe zukommt unternehmerische Entscheidungen zu rechtfertigen und zu erklären:

> „Kunden, Führungskräfte und Mitarbeiter erwarten Erklärungen, die sie verstehen, weil sie den Zusammenhang mit ihrem Geschäfts- und Lebensalltag herstellen können. Sie wollen nicht nur Visionen und Darstellungen von Geschäftsmodellen. Sie erwarten Lesehilfe, Aussagen über die Bedeutung von unternehmerischen Entscheidungen. Der Kontext ist ungleich wichtiger! Der muss thematisiert werden, wenn breite Akzeptanz und noch höheres Engagement gefordert ist. Das Spitzenmanagement erklärt die Welt."[438]

Vorbei sind die Zeiten, als Unternehmensleiter lediglich anhand von Charts die letzten Bilanzdaten vorlesen konnten, um die Stakeholder zu informieren. Es geht um Erklärungen, Interpretationen, Zusammenhänge, die er überzeugend kommunizieren muss. Nach Auffassung von Wachtel gilt jedoch in Unternehmen noch immer die Regel: „Information mit Daten und Fakten" statt „Überzeugung durch auftretende Personen".[439] Doch gerade das stärkt die CEO-Reputation nicht ausreichend. Stakeholder müssen überzeugt werden, dafür ist die Überzeugungskraft des Vorstandsvorsitzenden von großer Bedeutung.

5.5.2 Ergebnisse der Befragung zur Überzeugungskraft

Nach Durchsicht der Literatur zeigt sich, dass Überzeugungskraft als ein Erfolgsfaktor der CEO-Kommunikation angesehen wird. Die befragten Kommunikationsverantwortlichen wurden deshalb gebeten, die Wichtigkeit von Überzeugungskraft für einen erfolgreichen Vorstandsvorsitzenden zu bewerten. Zunächst wurden sie gefragt, ob sie davon ausgehen, dass die Überzeugungskraft des CEO eine hohe Aufmerksamkeit in den Medien erzielt (Abb. 40). Das Ergebnis zeigt einen Mittelwert von 2,76. Die Befragten scheinen davon auszugehen, dass bei der Medienarbeit die Überzeugungskraft des Unternehmensleiters keine sehr hohe Aufmerksamkeit erzielen kann.

---

[438] Deekeling (2004), S. 69.
[439] Wachtel (2004a), S. 9.

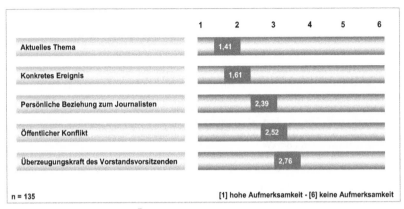

n = 135   [1] hohe Aufmerksamkeit - [6] keine Aufmerksamkeit

Abbildung 40: Bedeutung der Überzeugungskraft des CEO für die Medienarbeit

Quelle: Eigene Darstellung, nach Ergebnissen der Befragung zur CEO-Kommunikation.

Daraufhin wurden die Befragten gefragt, wie wichtig der Faktor Überzeugungskraft für einen erfolgreichen Vorstandsvorsitzenden ist (Abb. 41). Die Kommunikationsverantwortlichen bestätigen, dass Überzeugungskraft ein Erfolgsfaktor der CEO-Kommunikation ist. Mit einem Mittelwert von 1,23 ist Überzeugungskraft für die Befragten die wichtigste Eigenschaft eines erfolgreichen CEO.

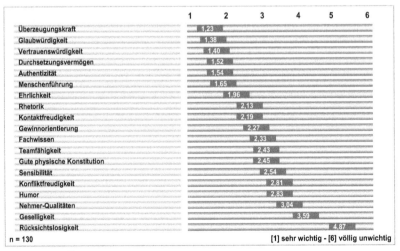

n = 130   [1] sehr wichtig - [6] völlig unwichtig

Abbildung 41: Überzeugungskraft als Erfolgsfaktor

Quelle: Eigene Darstellung, nach Ergebnissen der Befragung zur CEO-Kommunikation.

Die Überzeugungskraft des Unternehmensleiters erzielt zwar für sich keine Medienaufmerksamkeit. Dennoch ist die Überzeugungskraft ein Erfolgfaktor der CEO-Kommunikation, da z. B. der Erfolgsfaktor Markenrepräsentanz nur umgesetzt werden kann, wenn der CEO die Themen, Botschaften und Werte des Unternehmens überzeugend vermittelt. Nur durch Überzeugungskraft kann er die Stakeholder in ihrer Wahrnehmung beeinflussen.

Auch die Ergebnisse anderer Studien deuten darauf hin, dass Überzeugungskraft ein Erfolgsfaktor der CEO-Kommunikation ist. So gaben bei einer Untersuchung des Instituts für Demoskopie Allensbach 43 Prozent der befragten Experten an, dass Überzeugungskraft – neben Glaubwürdigkeit – die wichtigste Voraussetzung für einen guten Kommunikator an der Unternehmensspitze ausmacht (Abb. 42).

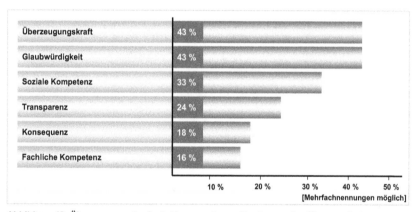

Abbildung 42: Überzeugungskraft als Voraussetzung für einen guten Kommunikator
Quelle: Eigene Darstellung, nach Institut für Demoskopie Allensbach (2005), S. 28.

Die Ergebnisse belegen, dass Überzeugungskraft ein Erfolgsfaktor der CEO-Kommunikation ist. Ohne Überzeugungskraft kann der Unternehmensleiter die Stakeholder scheinbar nicht erreichen. In globalisierten Märkten und einer immer komplexeren Umwelt suchen Stakeholder Orientierung und erwarten vor allem überzeugende Erklärungen – und zwar von der Unternehmensspitze.

5.5.3 Umsetzung der Überzeugungskraft

Es stellt sich nun die Frage, wie Überzeugungskraft in der CEO-Kommunikation umgesetzt bzw. verstärkt werden kann. Wachtel meint, dass Überzeugungskraft verlangt, Aussagen plausibel zu machen und gute Gründe anzugeben.[440] Bei der Kraft zu überzeugen geht es jedoch nicht nur um Argumente, sondern auch um Emotionen. Nach Merten sollte bei der Überzeugungsarbeit deshalb nicht nur argumentativ, d. h. durch glaubhafte Information und logische Überlegung, sondern auch emotiv vorgegangen werden.[441] Um zu überzeugen, reicht die Kommunikation von reinen Fakten und Daten scheinbar nicht aus. Haver sieht deshalb den ersten Schritt zur Überzeugungskraft in der Erkenntnis, dass Zahlen keine Argumente sind:

> „Natürlich müssen strategische Ziele und Vorhaben kalkulatorisch sorgfältig begründet sein. Aber Zahlen sind für sich genommen noch keine Argumente. Wer andere für eine neue Idee begeistern will, der tut gut daran, seine Kalkulationsgrundlage durch Beispiele, Analogien und plastische Bilder anzureichern. Erst wenn aus nackten Zahlen lebendige Sprache wird, sind positive Zielphantasien und Motivation zu Eigeninitiative überhaupt möglich."[442]

Die Ideen und Vorhaben müssen durch Geschichten angereichert und verbreitet werden, um überzeugend zu wirken. So wird es zur Aufgabe des CEO die richtigen Worte zu finden, „um zu inspirieren und die Aufmerksamkeit der Zuhörer zu fesseln".[443] Die für Stakeholder interessanten Informationen liegen nicht in den Unternehmenszahlen oder – bilanzen, sondern vielmehr in konkreten Aussagen und Antworten.[444] Mitarbeiter, Aktionäre und Kunden möchten aus Fakten Handlungsfelder und Visionen abgeleitet sehen, deshalb müssen die Aussagen anhand von Bildern und lebendiger Sprache angereichert werden.

Es gibt einige Konzepte und Strategien, die dazu genutzt werden können, die Überzeugungskraft des Vorstandsvorsitzenden zu stärken. Bei dem Konzept des „Storytelling" werden Botschaften und Aussagen einer Marke oder eines Unternehmens stets neu variiert und in neue „Geschichten" verpackt.[445] Diese Geschichten müssen kurz, prägnant und einprägsam sein. Gaines-Ross geht davon aus, dass dies ein überaus erfolgreiches Konzept ist, um zu überzeugen: „Die Fähigkeit, Bilder im Kopf der Menschen entstehen zu lassen, ist ein überaus wirkungsvolles Instrument, um die eigenen Gefolgsleute zu beein-

---

[440] Vgl. Wachtel (1998), S. 13.
[441] Vgl. Merten (1999), S. 123.
[442] Haver (2003), S. 100.
[443] Gaines-Ross (2006), S. 153.
[444] Vgl. Wachtel (1999), S. 56.
[445] Vgl. Bentele / Hoepfner (2004), S. 32.

flussen".[446] In der Praxis scheint sich das Storytelling vorteilhaft auf die Überzeugungskraft eines Vorstandsvorsitzenden auszuwirken. In seiner Autobiografie beschreibt Jack
Welch seine Rolle „als erfolgreichster Manager" vor allem als Geschichtenerzähler: „Ich
erzähle diese Geschichten wieder und wieder, vor jedem Publikum im Unternehmen und
bei jeder Gelegenheit. Und auch in den folgenden Jahren betätige ich mich als Geschichtenerzähler, um neue Ideen im Unternehmen zu verbreiten. Und das Unternehmen
begann mir zuzuhören."[447] Argumente und Ideen sollten in Geschichten verpackt und immer wieder kontinuierlich an die Stakeholder kommuniziert werden. Die Geschichten können variieren, doch die Botschaften bleiben konstant. So weisen auch Bentele / Hoepfner
daraufhin, dass es wichtig ist, Kernbotschaften stabil zu halten, ihre Form jedoch in den
Geschichten zu variieren und neu zu interpretieren.[448]

Das Konzept der Emotionalisierung versucht die Stakeholder auf der Gefühlsebene zu
erreichen. Es wird angenommen, dass der CEO die Stakeholder emotional ansprechen
muss, um überzeugend zu wirken. Themen, Botschaften und Argumente müssen emotio-
nalisiert werden, um die Stakeholder zu erreichen. Nach Merten ist dies ein geeignetes
Mittel, um die Mitarbeiter, Aktionäre und andere Stakeholder zu überzeugen:

> „Emotionalisierung ist eine Strategie zur Weckung und Bekennung von Engagement
> und als solche unauflöslich mit einem Überzeugungsschub verbunden. Persönliche
> Bekenntnisse und Versprechen, der Bezug auf letzte Werte und Gewissheiten, die
> Kommunikation eigener Überzeugungen sind erfolgreiche Strategien der Emotiona-
> lisierung".[449]

Auch nach Auffassung von Gaines-Ross spielt die Gefühlsebene bei der Überzeugung
eine wichtige Rolle: „Wenn ein CEO überzeugend kommunizieren will, muss er seine Zuhörer sowohl auf rationaler als auch auf emotionaler Ebene ansprechen. Die Kommunikation ist dann am wirkungsvollsten und trägt am meisten zur Bildung von CEO-Kapital bei,
wenn der CEO seine Ziele in einer lebendigen, engagierten Rede vermittelt, die von ech-
tem Gefühl getragen ist."[450] Deekeling bestätigt dies, denn auch er sieht in der Einschätzung und Gestaltung von Stimmungen und Gefühlslagen eine der wichtigsten Dimensionen der Führung.[451] Den ideellen Kern eines Unternehmens im Hinblick auf derzeitige
Erfahrungen zu deuten und weiterzuentwickeln, ist deshalb eine zentrale Aufgabe des
CEO in der Kommunikation.[452] Gaines-Ross rät den Unternehmensleitern deshalb: „Wäh-

---

[446] Gaines-Ross (2006), S. 151.
[447] Zitiert in Deekeling (2003a), S. 62.
[448] Vgl. Bentele / Hoepfner (2004), S. 33.
[449] Merten (2004), S. 18 ff.
[450] Gaines-Ross (2006), S. 154.
[451] Vgl. Deekeling (2004), S. 66.
[452] Vgl. Haver (2003), S. 103.

len Sie einige aussagekräftige Botschaften aus und wiederholen Sie sie regelmäßig, in prägnanter Form, unter Einsatz von Emotionen und auf eine bedeutungsvolle, persönliche Art und Weise, um die Aufmerksamkeit einer größtmöglichen Zahl von Menschen zu erreichen".[453] In der Vermittlung von Emotionalität sieht auch Wachtel das, was überzeugende Rhetorik schon immer ausgezeichnet hat.[454] Die Überzeugungskraft des Unternehmensleiters kann durch die Vermittlung von zentralen Botschaften, die durch emotionale Geschichten angereichert werden, gestärkt werden.

Das Konzept der charismatischen Führung zielt ebenfalls auf die Stärkung der Überzeugungskraft des CEO ab. Charismatische Führung steht für eine Vision, ist authentisch und sie bedient sich starker Bilder und lebendiger Sprache, um Stakeholder emotional anzusprechen.[455] Sie unterstützt den Vorstandsvorsitzenden dabei Stakeholder zu überzeugen, indem eine Vision durch Emotionen vermittelt wird. Für Piwinger / Strauss steht fest: „Charisma ist Kapital".[456] Denn Aktienempfehlungen oder Anlagestrategien werden nicht nur auf Basis von Unternehmenskennzahlen getroffen. Die Ausstrahlung und Überzeugungskraft spielen eine wichtige Rolle. Auch Biel ist der Auffassung, dass Vorstandsvorsitzende Charisma besitzen müssen, um sich von der austauschbaren und gesichtslosen anderen Führungskraft zu unterscheiden.[457] Francis J. Flynn untersucht die Wirkung eines charismatischen CEO auf das Unternehmen.[458] Er meint, dass Steve Jobs von Apple das Paradebeispiel eines charismatischen Führers ist, da er von mehr redet als von Computern. Steve Jobs versteht es – seiner Auffassung nach - Ideen und Strategien transparent zu machen und in leicht verständlicher Sprache zu vermitteln, welche Ziele und Visionen er und das Unternehmen verfolgen. Da die Menschen ihn verstehen und akzeptieren, glauben sie an Apple.

Nach Lehmann muss der CEO die Vision kommunizieren und dabei Ideale verkörpern und Botschaften glaubhaft darstellen, um charismatisch zu wirken und zu überzeugen:

> „Die Macht des charismatischen Führers beruht darauf, dass er in den Augen seiner Anhänger das gemeinsame Ideal verkörpert und diese Verkörperung kann nur zustande kommen, wenn zwischen seinen Botschaften und seinem Verhalten Integrität besteht. Jede Abweichung zwischen Taten und Worten würde die Glaubwürdigkeit seiner Botschaft untergraben und die Geführten an der Aufrichtigkeit seiner Haltung zweifeln lassen. Das Verhalten eines charismatischen Führers muss deshalb seine Botschaften widerspiegeln und unterstützen, sein persönliches Engagement muss

---

[453] Gaines-Ross (2006), S. 154.
[454] Vgl. Wachtel (2003), S. 68.
[455] Vgl. Haver (2003), S. 106.
[456] Piwinger / Strauss (2002), S. 6.
[457] Vgl. Biel (2003), S. 21.
[458] Vgl. Brand Eins (2004), S. 115.

ganz auf die Realisierung der Vision ausgerichtet sein und darf keine Zweifel an der Authentizität seiner Vision aufkommen lassen."[459]

Lehmann geht davon aus, dass die Entstehung von Charisma durch gezielte Botschaften und Handlungen gefördert werden kann.[460] Der CEO sollte mit gutem Beispiel vorangehen und sich persönlich dafür einsetzen, dass die Umsetzung der Vision gelingt. Er muss Zeichen setzen, indem er Entscheidungen trifft, die symbolischen Charakter haben. Und nicht zuletzt muss er auch Zuversicht demonstrieren, dass man sich durch Probleme nicht vom Vorhaben und von den gesetzten Zielen abbringen lässt. Dabei stellt sich jedoch die entscheidende Frage: Ist Überzeugungskraft eine Eigenschaft, die erlernbar sind? Zucha vertritt die Auffassung, dass es möglich ist Ausstrahlung und Überzeugungskraft zu erlernen.[461] Es sollte für jeden Vorstandsvorsitzenden und seine kommunikativen Berater möglich sein, Fakten, Visionen und Botschaften zu emotionalisieren und diese - durch Bilder und Geschichten angereichert - an die Stakeholder zu kommunizieren.

Überzeugungskraft ist ein Erfolgsfaktor der CEO-Kommunikation. Die Überzeugungskraft des Vorstandsvorsitzenden kann durch Konzepte des Storytelling, der Emotionalisierung und der charismatischen Führung verstärkt werden. Besonders bedeutend scheint es dabei nicht nur Zahlen, Daten, Vision oder Botschaften des Unternehmens zu benennen, sondern sie emotional in Geschichten und Ideen zu verpacken und die Stakeholder damit auch auf der Gefühlsebene anzusprechen.

---

[459] Lehmann (2002), S. 72 ff.
[460] Vgl. Lehmann (2002), S. 73 ff.
[461] Vgl. Zucha (2000), S. 17.

IV Strategisches Modell der CEO-Kommunikation

6. Ergebnisse der Untersuchung zur CEO-Kommunikation

6.1 Das Zwei-Säulen-Modell der CEO-Kommunikation

Zu Beginn dieser Arbeit wurde darauf hingewiesen, dass die derzeitigen Strategien und Konzepte für die CEO-Kommunikation mit dem Bau eines Hauses vergleichbar sind: das Dach wurde entwickelt, aber das tragende Fundament fehlt noch. Die Erfolgsfaktoren der CEO-Kommunikation sind die wichtigen Bausteine, die ein tragendes Fundament bilden. Und somit als Grundlage für eine erfolgreiche Kommunikation der obersten Führungsebene anzusehen. Nachdem es gelungen ist im empirischen Teil der Arbeit die Erfolgsfaktoren zu identifizieren, soll nun ein Strategisches Modell aufgebaut werden. Als Dach des Strategischen Modells kann die Strategie für die CEO-Kommunikation angesehen werden, die alle kommunikativen Maßnahmen wie eine strategische Klammer zusammenführt (Abb. 43).

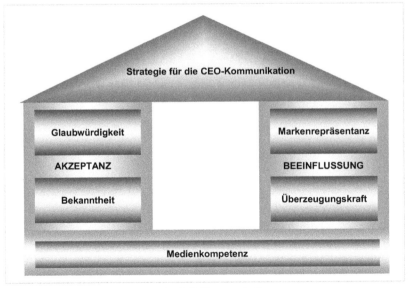

Abbildung 43: Strategisches Modell der CEO-Kommunikation
Quelle: Eigene Darstellung

Als grundlegender Erfolgsfaktor der CEO-Kommunikation ist *Medienkompetenz* anzusehen. Für Unternehmensleiter wird der Akzeptanzgewinn von unten wichtiger. Um die Akzeptanz von oben zu erreichen, zählen vor allem Sachlichkeit und Performance. Die Akzeptanz von unten unterwirft sich jedoch anderen Regeln. Hierfür sind CEOs auf die Medien als Vermittler und Verstärker jeglicher Kommunikation – und somit (Mit-)Verantwortliche für ihre öffentliche Wahrnehmung - angewiesen. Um erfolgreich zu kommunizieren, ist es also notwendig die Funktionsmechanismen der Medien zu verstehen und sicher in den Medien aufzutreten. Es ist anzunehmen, dass der Vorstandsvorsitzende nur erfolgreich kommunizieren kann, wenn er kompetent mit den Medien umgehen kann. Dazu gehört vor allem die Veränderung der Haltung gegenüber den Medien: die Nähe zu Journalisten, das Erzeugen medienwirksamer Bilder und die Inszenierung der Auftritte.

Eine wichtige und tragende Säule für die CEO-Kommunikation ist die **Akzeptanzsäule**. Die Akzeptanz des Vorstandsvorsitzenden bei allen Stakeholdern ist eine Voraussetzung für ein gutes CEO-Image und Unternehmensimage. Akzeptanz kann der Unternehmensleiter durch die Erfolgsfaktoren Glaubwürdigkeit und Bekanntheit erreichen. Die Erfolgsfaktoren können nur gemeinsam Akzeptanz bewirken. Ein glaubwürdiger, aber unbekannter CEO kann keine öffentliche Akzeptanz erreichen. Ein bekannter Unternehmensleiter, der unglaubwürdig wirkt, wird nicht akzeptiert. Der Erfolgsfaktor *Glaubwürdigkeit* erfordert, dass die Stakeholder den CEO als vertrauenswürdig, kompetent und authentisch wahrnehmen. Der Aufbau von Glaubwürdigkeit kann durch eine transparente, offene, ehrliche, konsistente und kongruente Kommunikation unterstützt werden, die kontinuierlich erfolgt und auf Fakten basiert. Die Kommunikation muss mit den Taten und Handlungen übereinstimmen. Der Erfolgsfaktor *Bekanntheit* ist differenziert anzusehen. Es geht nicht lediglich darum, Prominenz zu erreichen. Der Vorstandsvorsitzende sollte eine qualitative Bekanntheit, d. h. eine positive Wahrnehmung in der Öffentlichkeit, erzielen. Die CEO-Kommunikation muss deshalb inhaltsvoll gestaltet werden, um Respekt und Wertschätzung zu verschaffen. Die Leistungen des Unternehmensleiters sollten im Vordergrund stehen. Das Ziel ist es, durch ein gutes CEO-Image positive Abstrahleffekte für das Unternehmen zu erzeugen.

Die zweite tragende Säule der CEO-Kommunikation ist die **Beeinflussungssäule**. Das wesentliche Ziel von Seiten des Vorstandsvorsitzenden sollte nicht nur der Akzeptanzgewinn bei den Stakeholdern sein. Der CEO nimmt heute eine bedeutende Rolle im Stakeholder-Dialog ein. Die Beeinflussung der Stakeholder im Sinne des Unternehmens wird für den CEO daher wichtiger. Der Vorstandsvorsitzende kann diese Beeinflussung durch die Erfolgsfaktoren Markenrepräsentanz und Überzeugungskraft erreichen. Auch hier gilt, dass diese beiden Erfolgsfaktoren nur gemeinsam zu einer Beeinflussung führen können. Ein Unternehmensleiter, der die Marke nicht überzeugend repräsentiert, wäre nicht erfolgreich. Ein CEO, der überzeugend ist, aber die Marke nicht repräsentiert, kann die Stakeholder nicht im Sinne des Unternehmens beeinflussen. Der Erfolgsfaktor *Markenrepräsentanz* geht von der Tatsache aus, dass der Vorstandsvorsitzende in der Mediengesellschaft zum Gesicht und der Stimme des Unternehmens wird. Die Kommunikation des Unternehmensleiters muss der Tatsache gerecht werden, dass er somit zum obersten Markenrepräsentanten wird. Es sollten deshalb relevante Themen durch den CEO besetzt werden. Es sollte in seiner Verantwortung liegen wichtige Botschaften an die Stakeholder zu senden und die Markenidentität vorzuleben. Der CEO symbolisiert somit die Unternehmensmarke. Der Erfolgsfaktor *Überzeugungskraft* bezieht sich auf die Tatsache, dass es heute eine der wichtigsten Aufgaben des CEO ist, Stakeholder zu überzeugen – nicht nur zu informieren. Um zu überzeugen, muss der Unternehmensleiter auch emotional vorgehen, denn Fakten und Zahlen alleine stärken die Überzeugungskraft nicht ausreichend. Die Überzeugungskraft kann durch geeignete Konzepte wie das Storytelling, die Emotionalisierung oder die charismatische Führung gestärkt werden. Dabei werden Vision, Werte und Botschaften des Unternehmens aufgegriffen und durch den CEO - mit plastischen Bildern und Geschichten angereichert - immer wieder an die Stakeholder kommuniziert.

Bei dieser Arbeit ist klar geworden: Die CEO-Kommunikation bezieht sich auf weit mehr als die Auftrittsberatung oder ein Medientraining. Es ist eine hochsensible und äußerst komplexe Aufgabe, die nur erfolgreich sein kann, wenn sie die Erfolgsfaktoren als Fundament ansieht und über Kommunikationsmaßnahmen umsetzt. Zwischen den Erfolgsfaktoren bestehen sowohl Wechselwirkungen als auch Abhängigkeiten. Ohne Medienkompetenz können die anderen Erfolgsfaktoren nur bedingt realisiert werden. Denn die Kommunikation mit den Stakeholdern erfolgt in den meisten Fällen über die Medien. Somit sind alle anderen Erfolgsfaktoren von der Medienkompetenz abhängig. Wenn ein Unternehmensleiter andere Werte und Botschaften als die der Unternehmensmarke kommuniziert und symbolisiert ist auch die Glaubwürdigkeit in Gefahr. Ein glaubwürdiger Unternehmensleiter kann leichter eine qualitative Bekanntheit aufbauen. Ein CEO, der eine qualitative Bekanntheit hat, wird eher als glaubwürdig wahrgenommen. So kann zwischen zwei Erfolgsfaktoren eine Wechselwirkung bestehen.

In bestimmten Situationen kann es für Unternehmen sinnvoll sein sich auf die Akzeptanz-säule des Strategischen Modells zu konzentrieren, z. B. wenn ein Wechsel an der Unter-nehmensspitze geplant ist, der CEO lediglich übergangsweise das Amt übernimmt oder wenn er neben dem Unternehmensgründer lediglich ausführender Manager ist. Dann könnte die Konzentration auf die Akzeptanzsäule des Strategischen Modells sinnvoll sein, um den CEO nicht zu stark mit dem Unternehmen in Verbindung zu bringen. Die Akzep-tanzsäule ist die „Pflichtsäule" für eine gute CEO-Kommunikation und Reputation. Die Beeinflussungssäule des Strategischen Modells ist das, was einen wahrhaften Spitzen-manager von den anderen Managern unterscheidet. Herausragende Vorstandsvorsit-zende wie Wiedeking (Porsche) können nicht nur kompetent mit den Medien umgehen, sind glaubwürdig und verfügen über eine qualitative Bekanntheit. Sie repräsentieren die Marke auch erfolgreich in der Öffentlichkeit, besitzen Überzeugungskraft und beeinflussen so die Stakeholder.

Jegliche Kommunikation und Handlung formt das CEO-Image bei den Stakeholdern, denn heute wird alles zum Symbol. So meint auch Deekeling: „Die Inszenierung des CEO in komplexen unternehmerischen Transformationsprozessen ist deshalb heute eine Auf-gabe, die sich nicht mehr auf geschickte Auftrittsgestaltung beschränkt. Die Agenda eines CEO, sein Managementstil, die ersten unternehmerischen Entscheidungen, seine Perso-nalentscheidungen – alles wird zum Symbol."[462] Diese Symbole werden nach außen kom-muniziert und sollten in sich konsistent sein und zur Unternehmensmarke passen, denn sonst sind das CEO-Image und das Unternehmensimage in Gefahr. Es kann deshalb keine einheitliche Kommunikationsstrategie für Vorstandsvorsitzende geben. Die Persön-lichkeit des CEO, die Unternehmenssituation, das Unternehmensumfeld und das Unter-nehmensimage haben einen enormen Einfluss auf die Strategie der CEO-Kommunikation. Auch Burson-Marsteller kam zu dem Ergebnis: „Es gibt keinen „one size fits all"-An-satz".[463]

Es kann auch keine einheitlichen Kommunikationsmaßnahmen für den Unternehmenslei-ter geben. Die Positionierung des CEO muss auf die Persönlichkeit und die Unterneh-menssituation abgestimmt werden. Ein konservativer, stiller und medienscheuer CEO ist denkbar schlecht in einer Talkshow zu platzieren. Andere Unternehmensleiter dagegen lassen sich in Werbespots öffentlichkeitswirksam darstellen und können gut mit der Me-dienaufmerksamkeit umgehen. Deshalb sieht auch Irrle, dass die Umsetzung der CEO-Kommunikation differenziert erfolgen muss: „Nicht jeder Kopf passt in jede Sendung oder

---

[462] Deekeling (2003a), S. 64.
[463] Burson-Marsteller (2004), S. 9.

101

Veranstaltung".[464] Ein konservativer CEO aus der Baubranche setzt den Erfolgsfaktor Markenrepräsentanz sicherlich auf andere Weise um als ein Unternehmensleiter aus der Medienbranche. Der eine wird möglicherweise versuchen durch Interviews in Fachzeitschriften und in der Wirtschaftspresse das Profil seines Unternehmens zu stärken, indem er Botschaften und Werte seines Unternehmens wie z. B. Bodenständigkeit in Form von klaren Äußerungen zu einer bodenständigen Unternehmenskultur aufzeigt. Der andere wird möglicherweise bei einem großen Musik-Event als Hauptsponsor das Unternehmen repräsentieren und vor dem größtenteils jungen Publikum die „hippe" Unternehmensmarke vorleben und darstellen, für die sein Unternehmen steht. Die Persönlichkeitsmerkmale des Vorstandsvorsitzenden, die Unternehmensstrategie, das Unternehmensumfeld und das Image des Unternehmens sind als Ausgangspunkt anzusehen, um eine Kommunikationsstrategie aufzubauen und Kommunikationsmaßnahmen zu definieren. Die Erfolgsfaktoren müssen durch die Strategie und Maßnahmen umgesetzt werden. Die oben genannten Beispiele haben gezeigt, dass jeder einzelne Erfolgsfaktor im Kontext der Branche und des Unternehmensimages vollkommen anders umgesetzt werden kann.

Ein weiterer Punkt, der hierbei angesprochen werden sollte, ist die Tatsache, dass eine hohe Korrelation zwischen der Reputation des CEO und dem Unternehmensimage besteht.[465] Es bedeutet, dass sich die Wertschätzung für den Unternehmensleiter und die Wertschätzung für das Unternehmen unabwendbar angleichen. Deshalb sollte vermieden werden, dass diese beiden Imagewerte dauerhaft zu weit auseinander liegen. Es ist anzunehmen, dass ein CEO mit einem positiven, starken Image ein Unternehmen in einer kritischen Situation unterstützen kann. Es kann auch angenommen werden, dass ein Unternehmen mit guten Ergebnissen und einem starken Image vorübergehend einen CEO tragen kann, der eine schwache Reputation hat. Aufgrund der Tatsache, dass sich die Imagewerte scheinbar angleichen, kann das jedoch keine langfristige Lösung darstellen. Das Unternehmensimage beruht zu durchschnittlich 50 Prozent auf der Reputation des Vorstandsvorsitzenden. Eine schlechte CEO-Reputation gefährdet deshalb auf Dauer das Unternehmensimage.

Wie in unten stehendem Diagramm ersichtlich ist, gibt es im Wesentlichen nur einen Weg, die Imagewerte des Unternehmens dauerhaft zu optimieren (Abb. 44). Dieser Weg besteht in einem starken CEO-Image *und* einem starken Unternehmensimage.

---

[464] Irrle (2004), S. 45.
[465] Vgl. auch Kapitel 3.1 und Anhang II der Arbeit.

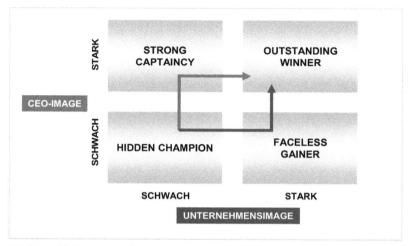

Abbildung 44: Strategie zur Optimierung der Imagewerte
Quelle: Eigene Darstellung

Um langfristige Wettbewerbsvorteile zu erzielen, ist die Position des „Hidden Champion"
ungeeignet. Das Unternehmensimage bietet heute neben der Qualität der Produkte bzw.
Dienstleistungen oftmals die einzige Differenzierungsmöglichkeit.[466] Auch die Strategie
des starken CEO-Images als „Strong Captaincy" und die Position des starken Unternehmensimages „Faceless Gainer" kann für Unternehmen langfristig keinen Erfolg versprechen. Denn wie bereits beschrieben: Die Wertschätzungen für CEO und Unternehmen
gleichen sich unweigerlich an. Aufgrund des engen Zusammenhangs der Reputations-
werte ist davon auszugehen, dass Imageverluste für das CEO-Image oder das Unternehmensimage folgen, wenn die Werte dauerhaft zu weit auseinander liegen. Ein schwaches CEO-Image könnte das Unternehmensimage gefährden. Und ein schwaches Unternehmensimage könnte dagegen das CEO-Image gefährden. Die Positionen „Faceless
Gainer" und „Strong Captaincy" sollten folglich kein Endziel sein. Denn eine langfristige
Optimierung der Imagewerte kann offensichtlich nur über ein gutes CEO-Image und ein
gutes Unternehmensimage erfolgen. Jedes Unternehmens sollte daher versuchen die
Position eines „Outstanding Winner" einzunehmen, das sowohl durch eine starke CEO-
Reputation als auch durch ein starkes Unternehmensimage glänzt. Es muss an beiden
Imagewerten gearbeitet werden. Eine strategisch geplante CEO-Kommunikation wird da-
durch unerlässlich.

---

[466] Vgl. auch Kapitel 3 der Arbeit.

6.2 Quo Vadis CEO-Kommunikation – Zukunft und Handlungsbedarf

Die Rolle des CEO hat sich gewandelt. Die Führungsaufgaben sind komplexer geworden. Das Anforderungsprofil an die Unternehmensleiter ist anspruchsvoller geworden. Der Vorstandsvorsitzende ist nicht mehr nur der Mann an der Spitze, sondern auch (mit-)verantwortlich für das Ansehen des Unternehmens bei allen Stakeholdern. Wenn er nicht bereit ist, das Unternehmen zu repräsentieren, sich öffentlich zu rechtfertigen und die Unternehmensstrategie glaubwürdig zu vertreten, kann er seine Aufgabe heute scheinbar nur noch bedingt erfüllen. Unternehmensleiter müssen sich den neuen Anforderungen der Stakeholder stellen: „Seine Aufgabe ist es, die Aktionäre und Kunden zufrieden zu stellen, effizient im Umgang mit den Medien zu sein, Kontakte mit der Politik herzustellen und zu nutzen und seine Kollegen und Angestellten zu führen, wenn nicht sogar zu inspirieren. Fühlt er sich dazu nicht in der Lage oder scheut er davor zurück, zumindest den Versuch zu wagen, ist es für ihn und sein Unternehmen besser, den Spitzenjob gar nicht erst anzustreben."[467] Führungsaufgaben sind heute auch - und zu einem wesentlichen Teil - Kommunikationsaufgaben.

Die Kommunikationsfähigkeit und Kommunikationsleistung des CEO wird für das Unternehmen zu wertvollem Kapital. Unter den Bedingungen der Mediengesellschaft wird die Personalisierung der Berichterstattung und Unternehmenskommunikation kontinuierlich vorangetrieben. Anstelle des Produktwettbewerbs ist ein Kommunikationswettbewerb getreten, der die Präsenz des Unternehmensleiters fordert. Nur durch eine gute Kommunikationsleistung kann der CEO seine Wahrnehmung bei den Stakeholdern beeinflussen. Er muss ein gutes Bild bei ihnen hinterlassen, da sein Image einen wesentlichen Einfluss auf das Unternehmensimage hat. Zwischen der Reputation des Vorstandsvorsitzenden und dem Unternehmensimage besteht ein statistisch nachweisbarer Zusammenhang. Der Unternehmensleiter beeinflusst daher mit seinem Image und seiner Kommunikation den Unternehmenserfolg. Die CEO-Kommunikation ist somit als eine Investition in das CEO-Image zu verstehen und muss klar strukturierte und präzise Ziele haben, die darauf ausgerichtet sind, einen Wertbeitrag für das Unternehmen zu leisten. Sie muss in das strategische Management der Unternehmenskommunikation integriert und konsequent optimiert werden. Denn Vorstandsvorsitzende zahlen durch eine gute Kommunikationsleistung auf ihr Reputationskonto ein – und damit auch auf das ihres Unternehmens.

---

[467] Richmond (2002), S. 61.

Bis heute ist die Thematik der CEO-Kommunikation nur unzulänglich erforscht. Die Identifikation der Erfolgsfaktoren im Rahmen dieser Arbeit ist sicherlich nur ein kleiner Schritt in diese Richtung. Aufgrund der hohen Bedeutung der CEO-Kommunikation ist davon auszugehen, dass sich die Disziplin weiter professionalisieren wird. Sicherlich werden die Kommunikationswissenschaftler und Experten weitere CEO-Studien durchführen und auswerten, um neue Erkenntnisse zu sammeln und präzisere Aussagen treffen zu können. Besonders bedeutend erscheint es, den Einfluss des CEO-Images auf die einzelnen Stakeholdergruppen und das Unternehmensimage genauer zu erforschen. Wenn Klarheit darüber herrscht, wie diese Faktoren voneinander abhängen und sich gegenseitig beeinflussen kann gezielter daran gearbeitet werden. Nicht zuletzt sollte der Wert und die Auswirkungen der CEO-Kommunikation genauer untersucht und belegt werden, um ihre Bedeutung quantifizierbar zu machen. So könnte die Kommunikationsleistung und das Image des Unternehmensleiters auch als Bewertungsmaßstab für seine Leistungen herangezogen werden. Denn wenn der CEO den Unternehmenswert negativ beeinflusst, sollte sich das auch in seinem Gehalt widerspiegeln. Aufgrund der Entwicklungen ist davon auszugehen, dass kontinuierlich neue Modelle für die CEO-Kommunikation bzw. Reputation entwickelt und auch in den nächsten Jahren neue CEO-Studien durchgeführt werden. Dennoch wird es sicherlich noch mehrere Jahre dauern bis eine genauere Einsicht in die Thematik möglich sein wird.

Trotzdem sollten Unternehmen den Stellenwert der CEO-Kommunikation anerkennen. Aus dieser Arbeit ergibt sich ein Handlungsbedarf für Unternehmen, der dazu anregen soll, die gewonnenen Erkenntnisse umzusetzen. Das Strategische Modell der CEO-Kommunikation kann Unternehmen dabei unterstützen eine erfolgreiche Kommunikationspolitik aufzubauen und so das CEO-Image zu optimieren. Es muss eine auf das Unternehmen und auf die Persönlichkeit des CEO abgestimmte Kommunikationsstrategie entwickelt werden. Durch diese Kommunikationsstrategie und –maßnahmen sollten die Erfolgsfaktoren systematisch umgesetzt werden, denn sie sind als Fundament einer erfolgreichen Kommunikationspolitik zu verstehen. Kein Unternehmen kommt heute mehr daran vorbei die Kommunikation des Vorstandsvorsitzenden strategisch zu managen. Das Strategische Modell der CEO-Kommunikation beinhaltet die Variablen einer erfolgreichen Kommunikation. Unternehmen sollten diese Erkenntnisse daher nutzen und umsetzen. Denn eine Optimierung bzw. der Aufbau eines guten CEO-Images ist Pflicht. Nur ein starkes CEO-Image *und* ein starkes Unternehmensimage können scheinbar zu dauerhaften Spitzenwerten führen.

Literaturverzeichnis

Altmeppen, Klaus-Dieter (1994): Marktmacht und mächtige Märkte. Die Entwicklung der Medienbranche in den letzten zehn Jahren. In: Jarren / Otfried (Hrsg.) (1994): Medienwandel – Gesellschaftswandel? 10 Jahre dualer Rundfunk in Deutschland, eine Bilanz. Berlin. Vistas Verlag. S. 91 - 116.

Altmeppen, Klaus-Dieter (2006): Ökonomisierung. In: Bentele, Günter / Brosius, Hans-Bernd / Jarren, Otfried (Hrsg.) (2006): Lexikon Kommunikations- und Medienwissenschaft. Wiesbaden. Verlag für Sozialwissenschaften. S. 208.

Armbrecht, Wolfgang / Avenarius, Horst / Zabel, Ulf (Hrsg.) (1993): Image und PR. Kann Image Gegenstand einer Public Relations-Wissenschaft sein? Opladen. Westdeutscher Verlag.

Ausschnitt Medienbeobachtung (2005): Grafiken zur Presseinformation „Memory – BMW transportiert seine Bilderwelten am besten". Verfügbar unter: www.ausschnitt.de/pr/presse/ PM_DAX_Bildanalyse_charts.pdf (27.05.2006)

Avenarius, Horst (2000): Public Relations. Die Grundform gesellschaftlicher Kommunikation. Darmstadt. Primus Verlag. 2. Auflage.

Avenarius, Horst / Ambrecht Wolfgang (Hrsg.) (1992): Ist Public Relations eine Wissenschaft? Eine Einführung. Opladen. Westdeutscher Verlag.

Bazil, Vazrik (2001): Reputation Management – Die Werte aufrechterhalten. In: Bentele, Günter / Piwinger, Manfred / Schönborn, Gregor (Hrsg.) (2001 ff.): Kommunikationsmanagement. Loseblattsammlung. Neuwied-Kriftel. Luchterhand. Teil 1.02.

Beck, Klaus (2006): Medien. In: Bentele, Günter / Brosius, Hans-Bernd / Jarren, Otfried (Hrsg.) (2006): Lexikon Kommunikations- und Medienwissenschaft. Wiesbaden. Verlag für Sozialwissenschaften. S. 165.

Becker, Udo / Müller, Cornelia (2004): Chancen und Risiken der CEO-Kommunikation. In: Bentele, Günter / Piwinger, Manfred / Schönborn, Gregor (Hrsg.) (2001 ff.): Kommunikationsmanagement. Loseblattsammlung. Neuwied-Kriftel. Luchterhand. Teil 3.31.

Bentele, Günter / Brosius, Hans-Bernd / Jarren, Otfried (Hrsg.) (2003): Öffentliche Kommunikation. Handbuch Kommunikations- und Medienwissenschaft. Wiesbaden. Westdeutscher Verlag.

Bentele, Günter / Brosius, Hans-Bernd / Jarren, Otfried (Hrsg.) (2006): Lexikon Kommunikations- und Medienwissenschaft. Wiesbaden. Verlag für Sozialwissenschaften.

Bentele, Günter / Buchele, Mark-Steffen / Hoepfner, Jörg / Liebert, Tobias (2003): Markenwert und Markenwertermittlung. Eine systematische Modelluntersuchung und –bewertung. Wiesbaden. Deutscher Universitätsverlag.

Bentele, Günter / Hoepfner, Jörg (2004): Die Bedeutung der PR für die Markenpolitik. In: Bentele, Günter / Piwinger, Manfred / Schönborn, Gregor (Hrsg.) (2001 ff.): Kommunikationsmanagement. Loseblattsammlung. Neuwied-Kriftel. Luchterhand. Teil 3.28.

Bentele, Günter / Piwinger, Manfred / Schönborn, Gregor (Hrsg.) (2001 ff.): Kommunikationsmanagement. Loseblattsammlung. Neuwied-Kriftel. Luchterhand.

Bentele, Günter / Rolke, Lothar (1998): Einführung. In: Dies. (Hrsg.) (1998): Konflikte, Krisen und Kommunikationschancen in der Mediengesellschaft: Casestudies aus der PR-Praxis. Berlin. Vistas Verlag. S. 7 - 13.

Bentele, Günter / Steinmann, Horst / Zerfaß, Ansgar (Hrsg.) (1996): Dialogorientierte Unternehmenskommunikation. Grundlagen – Praxiserfahrungen – Perspektiven. Serie Öffentlichkeitsarbeit / Public Relations und Kommunikationsmanagement. Band 4. Berlin. Vistas Verlag.

Berner, Christiana (2003): Der Topmanager zwischen Anspruch und Realität. Aufgaben – Images – Selbstverständnis. Marburg. Tectum Verlag.

Biel, Brigitte (2003): Die Jahreshauptversammlung als Inszenierung. Eine Untersuchung der Performance zwischen Theater und Management. In: Bentele, Günter / Piwinger, Manfred / Schönborn, Gregor (Hrsg.) (2001 ff.): Kommunikationsmanagement. Loseblattsammlung. Neuwied-Kriftel. Luchterhand. Teil 3.25.

Birkelbach, Jörg (2004): Auftritte am Kapitalmarkt. In: Wachtel, Stefan / u. a. (Hrsg.) (2004): Corporate Speaking. Auftritte des Spitzenmanagements. Positioning – Executive Coaching – Dresscode. Frankfurt am Main. InnoVatio Verlag. S. 90 - 97.

Bonfadelli, Heinz (2003): Medieninhalte. In: Bentele, Günter / Brosius, Hans-Bernd / Jarren, Otfried (Hrsg.) (2003): Öffentliche Kommunikation. Handbuch Kommunikations- und Medienwissenschaft. Wiesbaden. Westdeutscher Verlag. S. 79 - 100.

Booz Allen Hamilton (2006): CEO Succession 2006. Verfügbar unter: http://www.booz allen.com/media/file/sb43_CEO-Succession-2005-FINAL.pdf (01.06.2006).

Booz Allen Hamilton (2005): Höchste Fluktuation weltweit: Knapp jeder fünfte deutsche CEO räumte 2004 seinen Posten. Verfügbar unter: http://www.boozallen.de/presse /pressemitteilungen/archiv/archiv-detail/4054496 (01.06.2006)

Brand Eins (2004): Was bringt ein charismatischer, visionärer Chef einem Unternehmen? Ausgabe 06/04. S. 114 - 116.

Brandstätter, Helmut (2006): Leben mit den Medien – Chance und Risiko für Topmanager. In: Hochegger Research (Hrsg.) / Gaines-Ross, Leslie (2006): Der Chef als Kapital. CEO Reputation Management. So erhöhen Führungskräfte den Unternehmenswert. Wien. Linde Verlag. S. 27 - 43.

Brettschneider, Frank (2006): Das Medienbild von DaimlerChrysler im Branchenvergleich. Zetsche macht Vertrauensverlust von Schrempp wieder wett. Universität Hohenheim. Verfügbar unter: http://www.uni-hohenheim.de/presse/admin/dyn_ docs/studiedc.pdf#search=%22brettschneider%20zetsche%20%22 (18.08.2006)

Brosius, Hans-Bernd (2003): Medienwirkung. In: Bentele, Günter / Brosius, Hans-Bernd / Jarren, Otfried (Hrsg.) (2003): Öffentliche Kommunikation. Handbuch Kommunikations- und Medienwissenschaft. Wiesbaden. Westdeutscher Verlag. S. 128 - 150.

Bruhn, Manfred (1997): Kommunikationspolitik: Grundlagen der Unternehmenskommunikation. München. Verlag Franz Vahlen.

Burson-Marsteller (2001): Der CEO: Wichtigster Faktor für das Unternehmensimage, Zusammenfassung einer Studie zur Reputation deutscher Vorstandsvorsitzender. Auf Anfrage erhältlich unter: www.burson-marsteller.de (zugesandt am 13.04.2006).

Burson-Marsteller (2004): Der CEO: Profilbildung gefragter denn je. Zusammenfassung der dritten Studie von Burson-Marsteller zur Reputation von Vorstandsvorsitzenden der DAX30-Unternehmen. Auf Anfrage erhältlich unter: www.bursonmarsteller.de (zugesandt am 13.04.2006).

Buß, Eugen (1999): Das emotionale Profil der Deutschen. Bestandsaufnahme und Konsequenzen für Unternehmer, Politiker und Öffentlichkeitsarbeiter. Frankfurt am Main. FAZ-Institut.

Buß, Eugen / Fink-Heuberger, Ulrike (2000): Image Management. Wie Sie Ihr Image-Kapital erhöhen! Erfolgsregeln für das öffentliche Ansehen von Unternehmen, Parteien und Organisationen. Frankfurt am Main. FAZ-Institut.

Casanova, Marco (2004): Branding von Spitzenmanagern. In: Wachtel, Stefan / u. a. (Hrsg.) (2004): Corporate Speaking. Auftritte des Spitzenmanagements. Positioning – Executive Coaching – Dresscode. Frankfurt am Main. InnoVatio Verlag. S. 55 - 61.

Casanova, Marco (o. J.): Der CEO als Marke. Verfügbar unter: http://www.radiotele.ch /fileupload/149200515621_file.pdf (21.03.2006).

Collins, Jim (2002): Der Weg zu den Besten. Die sieben Management-Prinzipien für dauerhaften Unternehmenserfolg. Stuttgart – München. Deutsche Verlags-Anstalt.

Deekeling, Egbert (2003a): Die Inszenierung des CEO. In: Deekeling, Egbert / Barghop, Dirk (Hrsg.) (2003): Kommunikation im Corporate Change: Maßstäbe für eine neue Managementpraxis. Wiesbaden. Gabler Verlag. S. 62 – 64.

Deekeling, Egbert (2003b): „Ich erlebe oft Situationen, in denen Leute mich attackieren". In: Deekeling, Egbert / Barghop, Dirk (Hrsg.) (2003): Kommunikation im Corporate Change: Maßstäbe für eine neue Managementpraxis. Wiesbaden. Gabler Verlag. S. 84 - 93.

Deekeling, Egbert (2004): Führungsrolle und Sprachgebrauch des Spitzenmanagements. In: Wachtel, Stefan / u. a. (Hrsg.) (2004): Corporate Speaking. Auftritte des Spitzenmanagements. Positioning – Executive Coaching – Dresscode. Frankfurt am Main. InnoVatio Verlag. S. 61 – 70.

Deekeling, Egbert / Barghop, Dirk (Hrsg.) (2003): Change kommunizieren – mehr als interne Kommunikation. In: Dies. (Hrsg.) (2003): Kommunikation im Corporate Change: Maßstäbe für eine neue Managementpraxis. Wiesbaden. Gabler Verlag. S. 15 - 18.

Deekeling, Egbert / Barghop, Dirk (Hrsg.) (2003): Kommunikation im Corporate Change: Maßstäbe für eine neue Managementpraxis. Wiesbaden. Gabler Verlag.

Derieth, Anke (1995): Unternehmenskommunikation. Eine theoretische und empirische Analyse zur Kommunikationsqualität von Wirtschaftsorganisationen. Studien zur Kommunikationswissenschaft. Band 5. Opladen. Westdeutscher Verlag.

Diehl, Thomas (2005): Mehr Manager in die Politik? Politik und Wirtschaft im Aufmerksamkeitswettbewerb: ein Spannungsverhältnis. Politische Studien. Heft 401. 36. Jahrgang. Mai / Juni 2005. S. 44 – 52.

Dunsch, Jürgen (2000): Die Publizität der Unternehmen. In: Jeske, Jürgen / Barbier, Hans D. (Hrsg.) (2000): Handbuch Wirtschaft: So nutzt man den Wirtschaftsteil einer Tageszeitung. Frankfurt am Main. Societäts-Verlag. S. 434 – 442.

Eimeren, Birgit van / Ridder, Christa-Maria (2005): Trends in der Nutzung und Bewertung der Medien 1970 - 2005. Ergebnisse der ARD/ZDF Langzeitstudie Massenkommunikation. Media Perspektiven 10 / 2005. S. 490 – 504.

Eisenegger, Mark / Imhof, Kurt (2004): Reputationsrisiken moderner Organisationen. In: Röttger, Ulrike (Hrsg.) (2004): Theorien der Public Relations. Grundlagen und Perspektiven der PR-Forschung. Wiesbaden. Verlag für Sozialwissenschaften. S. 239 – 257.

Eisenegger, Mark / Künstle, Daniel (2003): Reputation und Wirtschaft im Medienzeitalter. Die Volkswirtschaft. Das Magazin für Wirtschaftspolitik. 11 / 2003. S. 58 – 62.

Eisenegger, Mark / Vonwil, Matthias (2004): Die Wirtschaft im Bann der Öffentlichkeit. Ursachen und empirische Evidenzen für die erhöhte öffentliche Exponiertheit ökonomischer Organisationen seit den 90er Jahren. Science des mass média suisse. Ausgabe 2/2004. S. 77 – 86.

Esch, Franz-Rudolf (1999): Wirkung integrierter Kommunikation: ein verhaltenswissenschaftlicher Ansatz für die Werbung. Wiesbaden. Gabler Verlag. 2. Auflage.

Esch, Franz-Rudolf / Tomczak, Torsten / Kernstock, Joachim / Langner, Tobias (2004): Corporate Brand Management. Marken als Anker strategischer Führung von Unternehmen. Wiesbaden. Gabler Verlag.

Faktenkontor / Landau Media / Handelsblatt (2006): Presseresonanz der Wirtschaftsführer von im DAX, MDAX, SDAX und TecDAX notierten Unternehmen. Eine Untersuchung der Medienpräsenz der Vorstandsvorsitzenden von 160 börsennotierten Unternehmen in Deutschland. Auf Anfrage erhältlich unter: www.landau media.de (zugesandt am 26.07.2006).

Fill, Chris (2001): Marketing-Kommunikation, Konzepte und Strategien. München. Pearson Studium. 2. Auflage.

Fink-Heuberger (1999): Personalisierung des Managements. In: Buß, Eugen (1999): Das emotionale Profil der Deutschen. Bestandsaufnahme und Konsequenzen für Unternehmer, Politiker und Öffentlichkeitsarbeiter. Frankfurt. FAZ-Institut. S. 92 - 99.

Fischer, Holger (2001): Corporate Communications. In: Schönborn, Gregor (Hrsg.) / Fischer, Holger / Langen, Ralf (2001): Corporate Agenda. Unternehmenskommunikation in Zeiten unternehmerischer Transformation. Kriftel. Luchterhand Verlag. S. 3 - 22.

Freie Universität Berlin (2005): Die Rolle des CEO in der Unternehmenskommunikation. Institut für Publizistik- und Kommunikationswissenschaft. Verfügbar unter: http://www.pr-journal.de/images/stories/downloads/CEO-Studie-Dokumentation-FHBerlin.pdf (20.03.2006).

Frey, Siegfried (2001): Bild dir deine Meinung! In: Marcinkowski, Frank (Hrsg.) (2001): Die Politik der Massenmedien. Heribert Schatz zum 65. Geburtstag. Köln. Herbert von Halem Verlag. S. 142 – 148.

Gaines-Ross, Leslie (2003): CEO Capital. A Guide to Building CEO Reputation and Company Success. New Jersey. John Wiley & Sons.

Gaines-Ross, Leslie (2006): Der Chef als Kapital. In: Hochegger Research (Hrsg.) / Gaines-Ross, Leslie (2006): Der Chef als Kapital. CEO Reputation Management. So erhöhen Führungskräfte den Unternehmenswert. Wien. Linde Verlag. S. 45 - 252.

Gaitanides, Michael (2004): Is there no business like show business – Manager, die Stars der Moderne? Helmut-Schmidt-Universität. Verfügbar unter: http://www.hsu-hh.de/download-1.3.1.php?brick_id=TrcluJtSfMTqyYk7 (30.05.2006).

112

Gillies, Constantin (2002): Die prominentesten Vorstandschefs bauen die schwersten Pleiten. Die Welt. 25.07.2002. Verfügbar unter: http://www.welt.de/data/2002/07/25/433063.html (18.03.2006).

güttler + klewes (2001): CEO-Studie. Vertrauen in deutsche Unternehmen – Was die Öffentlichkeit von Unternehmenschefs wissen möchte. Verfügbar unter: http://www.komm-passion.de/fileadmin/UL-CorCom/CEO-Studie.pdf (02.06.2006).

Haedrich, Günter (1993): Images und strategische Unternehmens- und Marketingplanung. In: Armbrecht, Wolfgang / Avenarius, Horst / Zabel, Ulf (Hrsg.) (1993): Image und PR. Kann Image Gegenstand einer Public Relations-Wissenschaft sein? Opladen. Westdeutscher Verlag. S. 251 – 262.

Hasebrink, Uwe (2003): Nutzungsforschung. In: Bentele, Günter / Brosius, Hans-Bernd / Jarren, Otfried (Hrsg.) (2003): Öffentliche Kommunikation. Handbuch Kommunikations- und Medienwissenschaft. Wiesbaden. Westdeutscher Verlag. S. 101 – 127.

Haver, Stefan (2003): Führungskommunikation im Corporate Change. In: Deekeling, Egbert / Barghop, Dirk (Hrsg.) (2003): Kommunikation im Corporate Change: Maßstäbe für eine neue Managementpraxis. Wiesbaden. Gabler Verlag. S. 94 - 107.

Heinisch, Severin (2006): Der CEO ist die Botschaft. In: Hochegger Research (Hrsg.) / Gaines-Ross, Leslie (2006): Der Chef als Kapital. CEO Reputation Management. So erhöhen Führungskräfte den Unternehmenswert. Wien. Linde Verlag. S. 253 - 262.

Herbst, Dieter (2004): Corporate Imagery: Bilderwelten für Unternehmen. In: Bentele, Günter / Piwinger, Manfred / Schönborn, Gregor (Hrsg.) (2001 ff.): Kommunikationsmanagement. Loseblattsammlung. Neuwied-Kriftel. Luchterhand. Teil 8.11.

Herbst, Dieter (Hrsg.) (2003): Thesen zu „Der Mensch als Marke". In: Ders. (Hrsg.) (2003): Der Mensch als Marke. Konzepte – Beispiele – Experteninterviews. Göttingen. Business Village. S. 181 – 189.

Herbst, Dieter / Scheier, Christian (2004): Corporate Imagery. Wie Ihr Unternehmen ein Gesicht bekommt. Orientierung und Vertrauen durch starke Bilder. Berlin. Cornelsen Verlag.

Hill & Knowlton (2006): Return on Reputation. Corporate Reputation Watch 2006. Verfügbar unter: http://www2.hillandknowlton.com/crw/intro.asp (10.04.2006).

Hochegger Research (Hrsg.) / Gaines-Ross, Leslie (2006): Der Chef als Kapital. CEO Reputation Management. So erhöhen Führungskräfte den Unternehmenswert. Wien. Linde Verlag.

Hochegger, Peter (2006): Vorwort. In: Hochegger Research (Hrsg.) / Gaines-Ross, Leslie (2006): Der Chef als Kapital. Wien. Linde Verlag. S. 7 – 9.

Holtz-Bacha, Christina (Hrsg.) (1998): Wie die Medien die Welt erschaffen und wie die Menschen darin leben. Opladen – Wiesbaden. Westdeutscher Verlag.

Huck, Simone (2006): Glaubwürdigkeit: Erfolgsfaktor für die Unternehmenskommunikation. Universität Hohenheim. Kommunikation und Management. Band 6. Stuttgart.

Institut für Demoskopie Allensbach (2005): Kommunikationsverhalten deutscher CEOs. Ergebnisse einer Expertenbefragung 2005. Kommentarband. Allensbach. Verfügbar unter: http://www.deekeling.de/documents/Kommentarband_Studie_CEO-Kommunikation.pdf (02.06.2006).

Irrle, Petra (2004): Platzierung in TV und Veranstaltungen. In: Wachtel, Stefan / u. a. (Hrsg.) (2004): Corporate Speaking. Auftritte des Spitzenmanagements. Positioning – Executive Coaching – Dresscode. Frankfurt am Main. InnoVatio Verlag. S. 45 – 49.

Jäckel, Michael (2005): Medienwirkungen. Ein Studienbuch zur Einführung. Wiesbaden. Verlag für Sozialwissenschaften. 3. Auflage.

Jarren, Otfried (2001): „Mediengesellschaft" – Risiken für die politische Kommunikation. Aus Politik und Zeitgeschichte. B 41 - 42. S. 10 – 19.

Jarren, Otfried (2003): Institutionelle Rahmenbedingungen und Organisationen der öffentlichen Kommunikation. In: Bentele, Günter / Brosius, Hans-Bernd / Jarren, Otfried (Hrsg.) (2003): Öffentliche Kommunikation. Handbuch Kommunikations- und Medienwissenschaft. Wiesbaden. Westdeutscher Verlag. S. 13 – 27.

Jarren, Otfried (2004): Medien- und Gesellschaftswandel als Herausforderung für die Kommunikation durch Verwaltung und Staat. Verfügbar unter: http://www.sgvw.ch /schwerpunkt/archiv/medien_und_gesellschaftswandel_otfried_jarren.pdf (07.04.2006).

Jarren, Otfried (Hrsg.) (1994): Medienwandel – Gesellschaftswandel? 10 Jahre dualer Rundfunk in Deutschland, eine Bilanz. Berlin. Vistas Verlag.

Jarren, Otfried / Donges, Patrick (2002): Politische Kommunikation in der Mediengesellschaft. Eine Einführung. Studienbücher zur Kommunikations- und Medienwissenschaft. Band 2: Akteure, Prozesse und Inhalte. Wiesbaden. Westdeutscher Verlag.

Jeschke, Barnim G. (1993): Überlegungen zu den Determinanten des Unternehmens-Image. In: Armbrecht, Wolfgang / Avenarius, Horst, Zabel, Ulf (Hrsg.) (1993): Image und PR. Kann Image Gegenstand einer Public Relations-Wissenschaft sein? Opladen. Westdeutscher Verlag. S. 73 – 86.

Jeske, Jürgen / Barbier, Hans D. (Hrsg.) (2000): Handbuch Wirtschaft: So nutzt man den Wirtschaftsteil einer Tageszeitung. Frankfurt am Main. Societäts-Verlag.

Kaden, Wolfgang (2003): Öffentliche Kontroversen – Politiker und Manager im Umgang mit Journalisten. In: Rolke, Lothar / Wolff, Volker (Hrsg.) (2003): Die Meinungsmacher in der Mediengesellschaft. Deutschlands Kommunikationseliten aus der Innensicht. Westdeutscher Verlag. Wiesbaden. S. 19 – 23.

Kepplinger, Hans Mathias (1992): Ereignismanagement: Wirklichkeit und Massenmedien. Osnabrück. Verlag Fromm.

Kepplinger, Hans Mathias (1998): Der Nachrichtenwert der Nachrichtenfaktoren. In: Holtz-Bacha, Christina (Hrsg.) (1998): Wie die Medien die Welt erschaffen und wie die Menschen darin leben. Opladen – Wiesbaden. Westdeutscher Verlag. S. 19 - 38.

Kepplinger, Hans Mathias (2003): Politiker und Manager in der Mediengesellschaft – was beide voneinander lernen können. In: Rolke, Lothar / Wolff, Volker (Hrsg.) (2003): Die Meinungsmacher in der Mediengesellschaft. Deutschlands Kommunikationseliten aus der Innensicht. Wiesbaden. Westdeutscher Verlag. S. 115 – 124.

Kirchner, Alexander / Brichta, Raimund (2002): Medientraining für Manager. In der Öffentlichkeit überzeugen – Investor Relations und Public Relations optimieren. Wiesbaden. Gabler Verlag.

Kirf, Bodo (2002): Off the records: Wenn andere über das Unternehmen sprechen. Intervention durch Kommunikation. In: Kirf, Bodo / Rolke, Lothar (Hrsg.) (2002): Der Stakeholder-Kompass. Navigationsinstrument für die Unternehmenskommunikation. Frankfurt am Main. FAZ-Institut. S. 34 – 45.

Kirf, Bodo / Rolke, Lothar (Hrsg.) (2002): Der Stakeholder-Kompass. Navigationsinstrument für die Unternehmenskommunikation. Frankfurt am Main. FAZ-Institut.

Kuhn, Lothar (2003): Stichwort: Issues Management. Harvard Business Manager 01/2003. Verfügbar unter: http://www.manager-magazin.de/harvard/0,2828,2225 11,00.html (15.08.2006).

Langen, Ralf / Fischer, Holger (2001): Corporate Communications – Die Disziplin für das Management von morgen. In: Bentele, Günter / Piwinger, Manfred / Schönborn, Gregor (Hrsg.) (2001 ff.): Kommunikationsmanagement. Loseblattsammlung. Neuwied-Kriftel. Luchterhand. Teil 1.01.

Lehmann, Ralph (2002): Charismatische Unternehmensführung. Schriftenreihe des Instituts für betriebswirtschaftliche Forschung an der Universität Zürich. Band 91. Bern. Haupt Verlag.

Manager Magazin (2004): Kein Image, kein Gewinn. Erschienen am 12.05.2004. Verfügbar unter: http://www.manager-magazin.de/koepfe/artikel/0,2828,299247, 00.html (07.04.2006).

Manager Magazin (2006a): Imageprofile 2006. Ausgabe 02/06. S. 64 – 83.

Manager Magazin (2006b): Börsenbarometer. Ausgabe 07/06. S. 154 – 155.

Marcinkowski, Frank (Hrsg.) (2001): Die Politik der Massenmedien. Heribert Schatz zum 65. Geburtstag. Köln. Herbert von Halem Verlag.

Martini, Klaudia (2003): Wie der kreative Umgang mit den Medien echte Wettbewerbsvorteile schafft. In: Rolke, Lothar / Wolff, Volker (Hrsg.) (2003): Die Meinungsmacher in der Mediengesellschaft. Deutschlands Kommunikationseliten aus der Innensicht. Wiesbaden. Westdeutscher Verlag. S. 91 - 98.

Mast, Claudia (1999): Wirtschaftsjournalismus. Grundlagen und neue Konzepte für die Presse. Wiesbaden. Westdeutscher Verlag.

Mast, Claudia (2002): Unternehmenskommunikation: ein Leitfaden. Stuttgart. Lucius & Lucius Verlag.

Meckel, Miriam (2002): Der feine Unterschied: Was Politiker und Manager unterscheidet. Kirf, Bodo / Rolke, Lothar (Hrsg.) (2002): Der Stakeholder-Kompass. Navigationsinstrument für die Unternehmenskommunikation. Frankfurt am Main. FAZ-Institut. S. 223 – 234.

Meckel, Miriam (2003): Prêt-è-présenter. Zur Konfektionisierung politischer Kommunikation. In: Bentele, Günter / Piwinger, Manfred / Schönborn, Gregor (Hrsg.) (2001 ff.): Kommunikationsmanagement. Loseblattsammlung. Neuwied-Kriftel. Luchterhand. Teil 7.06.

Media Perspektiven (2001): Statistik. Ausgabe 11 / 2001. S. 585.

117

Medien Tenor (2003a): Wirtschaft: Management. Der steinige Weg zurück zu verlorenem Vertrauen. Forschungsbericht Nr. 138. November 2003.

Medien Tenor (2003b): Wirtschaft: Management. CEOs nicht mehr unter'm MAX halten. Forschungsbericht Nr. 139. Dezember 2003.

Medien Tenor (2003c): Wirtschaft: Corporate Communicator. Unternehmenskommunikation: Masse genügt nicht. Forschungsbericht Nr. 137. Oktober 2003.

Medien Tenor (2004a): Unternehmen und Manager. Daten im Überblick. Unternehmensberichterstattung in 8 Tageszeitungen. Forschungsbericht Nr. 147. September 2004.

Medien Tenor (2004b): Wirtschaft: Medienbild von Managern. Unternehmer bleiben Hoffnungsträger. Forschungsbericht Nr. 148. 4. Quartal 2004.

Medien Tenor (2005): Personalisierung nimmt weiter zu. Forschungsbericht Nr. 149. 1. Quartal 2005.

Meffert, Heribert / Bierwirth, Andreas (2002): Corporate Branding – Führung der Unternehmensmarke im Spannungsfeld unterschiedlicher Zielgruppen. In: Meffert, Heribert / Burmann, Christoph / Koers, Martin (Hrsg.) (2002): Markenmanagement. Grundfragen der identitätsorientierten Markenführung. Mit Best Practice-Fallstudien. Wiesbaden. Gabler Verlag. S. 181 – 199.

Meffert, Heribert / Burmann, Christoph / Koers, Martin (Hrsg.) (2002): Markenmanagement. Grundfragen der identitätsorientierten Markenführung. Mit Best Practice-Fallstudien. Wiesbaden. Gabler Verlag.

Mercer Management Consulting (2003): Wertsteigerung in der Unternehmenskommunikation. Ergebnisse „Communications Benchmark 2003". Verfügbar unter: http://www.mercermc.de/mapper.php3?file=upload_material%2F79.pdf&name= Charts_Communications_Benchmark.pdf&type=application%2Fpdf (17.03.2006).

Merten, Klaus (1999): Einführung in die Kommunikationswissenschaft. Aktuelle Medien- und Kommunikationsforschung. Grundlagen der Kommunikationswissenschaft. Band 1/1. Münster. Lit Verlag.

Merten, Klaus (2004): Politik in der Mediengesellschaft. Zur Interpretation von Politik- und Kommunikationssystem. In: Bentele, Günter / Piwinger, Manfred / Schönborn, Gregor (Hrsg.) (2001 ff.): Kommunikationsmanagement. Loseblattsammlung. Neuwied-Kriftel. Luchterhand. Teil 8.10.

Merten, Klaus / Zimmermann, Rainer / Hartwig, Helmut Andreas (Hrsg.) (2002): Das Handbuch der Unternehmenskommunikation 2002/2003. Luchterhand. Köln – Neuwied – Kriftel. Deutscher Wirtschaftsdienst.

Nawratil, Ute (1997): Glaubwürdigkeit in der sozialen Kommunikation. Studien zur Kommunikationswissenschaft. Band 29. Opladen - Wiesbaden. Westdeutscher Verlag.

Nessmann, Karl (2005): Personen-PR. Personenbezogene Öffentlichkeitsarbeit. In: Bentele, Günter / Piwinger, Manfred / Schönborn, Gregor (Hrsg.) (2001 ff.): Kommunikationsmanagement. Loseblattsammlung. Neuwied-Kriftel. Luchterhand. Teil 3.34.

Neumann, Reiner / Ross, Alexander (2004): Der perfekte Auftritt. Erste Hilfe für Manager in der Öffentlichkeit. Hamburg. Murmann Verlag.

Onvista (2006a): Kursentwicklung bei der Deutschen Bank AG. Verfügbar unter: www.onvista.com (01.06.2006).

Onvista (2006b): Kursentwicklung bei der DaimlerChrysler AG. Verfügbar unter: www.onvista.com (01.06.2006).

Pitzer, Jürgen (2003): Vertraulichkeit und Transparenz – Bankenkommunikation im Zeichen der Krise. In: Rolke, Lothar / Wolff, Volker (Hrsg.) (2003): Die Meinungsmacher in der Mediengesellschaft. Deutschlands Kommunikationseliten aus der Innensicht. Wiesbaden. Westdeutscher Verlag. S. 125 - 134.

Piwinger, Manfred (2002): Kommunikation wird zunehmend als Werttreiber erkannt – Auswirkungen auf das Branchenbild. In: Bentele, Günter / Piwinger, Manfred / Schönborn, Gregor (Hrsg.) (2001 ff.): Kommunikationsmanagement. Loseblattsammlung. Neuwied-Kriftel. Luchterhand. Teil 2.06.

Piwinger, Manfred / Ebert, Helmut (2001): Impression Management – Wie aus Niemand Jemand wird. In: Bentele, Günter / Piwinger, Manfred / Schönborn, Gregor (Hrsg.) (2001 ff.): Kommunikationsmanagement. Loseblattsammlung. Neuwied-Kriftel. Luchterhand. Teil 1.06.

Piwinger, Manfred / Strauss, Susanne Nicolette (2002): Investor Relations sind eine Bereicherung für die Kommunikationsdisziplin. In: Bentele, Günter / Piwinger, Manfred / Schönborn, Gregor (Hrsg.) (2001 ff.): Kommunikationsmanagement. Loseblattsammlung. Neuwied-Kriftel. Luchterhand. Teil 2.08.

Preusker, Werner (2003): Kommunikationspolitik im Spannungsfeld von Unternehmen, Medien und Politik. In: Rolke, Lothar / Wolff, Volker (Hrsg.) (2003): Die Meinungsmacher in der Mediengesellschaft. Deutschlands Kommunikationseliten aus der Innensicht. Wiesbaden. Westdeutscher Verlag. S. 99 – 113.

PriceWaterhouseCoopers / Kirchhoff Consult (2005): Kapitalmarktkommunikation in Deutschland. Investor Relations und Corporate Reporting. Verfügbar unter: http://www.ku-eichstaett.de/Fakultaeten/WWF/Lehrstuehle/ABWLCO/Forschung/ HF_sections/content/PwC_Kirchhoff_Studie.pdf (15.04.2006).

Publicis Sasserath (2004): CEO-Studie. Pressemitteilung zur Studie verfügbar unter: http://www.publicis-sasserath.de/de/studien/ceostudie/index.cfm (8.05.2006).

Radunski, Peter (2002): Was kann die Wirtschaft von der politischen Kommunikation lernen? In: Merten, Klaus / Zimmermann, Rainer / Hartwig, Helmut Andreas (Hrsg.) (2002): Das Handbuch der Unternehmenskommunikation 2002/2003. Luchterhand. Köln – Neuwied - Kriftel. Deutscher Wirtschaftsdienst. S. 99 – 104.

Reichertz, Jo (2002): Vertrauen in der internet-gestützten Unternehmenskommunikation. In: Thimm, Caja (Hrsg.) (2002): Unternehmenskommunikation offline / online. Wandelprozesse interner und externer Kommunikation durch neue Medien. Bonner Beiträge zur Medienwissenschaft. Band 1. Frankfurt am Main. Peter Lang Verlag. S. 11 – 35.

Richmond, Lord Watson of (2002): Die Rolle führender Unternehmensrepräsentanten in der Kommunikationslandschaft des 21. Jahrhunderts. In: Kirf, Bodo / Rolke, Lothar (Hrsg.) (2002): Der Stakeholder-Kompass. Navigationsinstrument für die Unternehmenskommunikation. Frankfurt am Main. FAZ-Institut. S. 55 – 61.

Roesler, Alexander / Stiegler, Bernd (Hrsg.) (2005): Grundbegriffe der Medientheorie. Paderborn. Wilhelm Fink Verlag.

Rolke, Lothar (2002): Kommunizieren nach dem Stakeholder-Kompass. In: Kirf, Bodo / Rolke, Lothar (Hrsg.) (2002): Navigationsinstrument für die Unternehmenskommunikation. Frankfurt am Main. FAZ-Institut. S. 16 – 33.

Rolke, Lothar (2003a): Nachforderungen – warum Unternehmen im Umgang mit Politikern und Medien umdenken müssen. In: Rolke, Lothar / Wolff, Volker (Hrsg.) (2003): Die Meinungsmacher in der Mediengesellschaft. Deutschlands Kommunikationseliten aus der Innensicht. Westdeutscher Verlag. Wiesbaden: S. 153 – 176.

Rolke, Lothar (2003b): Produkt- und Unternehmenskommunikation im Umbruch. Frankfurt am Main. FAZ-Institut.

Rolke, Lothar (2005): Paradiesvogel oder Graue Eminenz – Der Chef als Imagefaktor. Präsentation.

Rolke, Lothar / Koss, Florian (2005): Value Corporate Communications. Wie sich Unternehmenskommunikation wertorientiert managen lässt. Norderstedt. Books on Demand.

Rolke, Lothar / Wolff, Volker (Hrsg.) (1999): Wie die Medien die Wirklichkeit steuern und selber gesteuert werden. Wiesbaden. Westdeutscher Verlag.

Rolke, Lothar / Wolff, Volker (Hrsg.) (2003): Die Meinungsmacher in der Mediengesellschaft. Deutschlands Kommunikationseliten aus der Innensicht. Wiesbaden. Westdeutscher Verlag.

Röttger, Ulrike (2001): Issues Management – Mode, Mythos oder Managementfunktion? In: Dies. (Hrsg.) (2001): Issues Management. Theoretische Konzepte und praktische Umsetzung. Eine Bestandsaufnahme. Wiesbaden. Westdeutscher Verlag. S. 11 – 40.

Röttger, Ulrike (Hrsg.) (2004): Theorien der Public Relations. Grundlagen und Perspektiven der PR-Forschung. Wiesbaden. Verlag für Sozialwissenschaften.

Sarcinelli, Ulrich (Hrsg.) (1998): Politikvermittlung und Demokratie in der Mediengesellschaft. Opladen - Wiesbaden. Westdeutscher Verlag.

Sarcinelli, Ulrich / Schatz (2002): Von der Parteien- zur Mediendemokratie. Eine These auf dem Prüfstand. In: Dies. (Hrsg.) (2002): Mediendemokratie im Medienland. Inszenierungen und Themensetzungsstrategien im Spannungsfeld von Medien und Parteieliten am Beispiel der nordrhein-westfälischen Landtagswahl 2000. Schriftenreihe Medienforschung der Landesanstalt für Rundfunk Nordrhein-Westfalen. Band 41. Opladen. Leske + Budrich. S. 9 – 32.

Saxer, Ulrich (1998): Mediengesellschaft: Verständnisse und Missverständnisse. In: Sarcinelli, Ulrich (Hrsg.) (1998): Politikvermittlung und Demokratie in der Mediengesellschaft. Opladen – Wiesbaden. Westdeutscher Verlag. S. 52 – 73.

Schatz, Roland (2004a): Spitzenmanager in Meinungsführermedien. In: Wachtel, Stefan / u. a. (Hrsg.) (2004): Corporate Speaking. Auftritte des Spitzenmanagements. Positioning – Executive Coaching – Dresscode. Frankfurt am Main. InnoVatio Verlag. S. 37 - 44.

Schatz, Roland (2004b): Tiefschläge im Zeichen des Sieges. Manager Magazin. 23.01.2004. Verfügbar unter: www.manager-magazin.de (17.05.2006).

Scheurer, Axel (2001): Repräsentationsaufgaben von Führungskräften: eine empirische Analyse. Wiesbaden. Gabler Verlag.

Schmalholz, Claus (2004): Der peinliche Chef. Manager Magazin. Ausgabe 05/2004. S. 180 – 187.

Schmidt, Klaus (2004): Positionierung des Unternehmens und seiner Stimmen. In: Wachtel, Stefan / u. a. (Hrsg.) (2004): Corporate Speaking. Auftritte des Spitzenmanagements. Positioning – Executive Coaching – Dresscode. Frankfurt am Main. InnoVatio Verlag. S. 51 – 54.

Schmidt-Deguelle, Klaus-Peter (2003): Provozieren und Popularisieren als tägliche Politikerpflicht. In: Rolke, Lothar / Wolff, Volker (Hrsg.) (2003): Die Meinungsmacher in der Mediengesellschaft. Deutschlands Kommunikationseliten aus der Innensicht. Wiesbaden. Westdeutscher Verlag. S. 61 – 66.

Schönborn, Gregor (Hrsg.) / Fischer, Holger / Langen, Ralf (2001): Corporate Agenda. Unternehmenskommunikation in Zeiten unternehmerischer Transformation. Kriftel. Luchterhand Verlag.

Schulz, Jürgen (2004): Anschlussfähigkeit der Botschaft. In: Wachtel, Stefan / u. a. (Hrsg.) (2004): Corporate Speaking. Auftritte des Spitzenmanagements. Positioning – Executive Coaching – Dresscode. Frankfurt am Main. InnoVatio Verlag. S. 25 - 37.

Seitz, Andreas (2004): Medien-Coaching.de. Eine Marktbilanz. In: Wachtel, Stefan / u. a. (Hrsg.) (2004): Corporate Speaking. Auftritte des Spitzenmanagements. Positioning – Executive Coaching – Dresscode. Frankfurt am Main. InnoVatio Verlag. S. 79 - 89.

Staehle, Wolfgang H. (1992): Vom Unternehmer zum Manager – Konsequenzen für PR. In: Avenarius, Horst / Ambrecht Wolfgang (Hrsg.) (1992): Ist Public Relations eine Wissenschaft? Eine Einführung. Opladen. Westdeutscher Verlag. S. 245 – 256.

Strauss, Susanne Nicolette (2002): „… sei behutsam im Reden". In: Bentele, Günter / Piwinger, Manfred / Schönborn, Gregor (Hrsg.) (2001 ff.): Kommunikationsmanagement. Loseblattsammlung. Neuwied-Kriftel. Luchterhand. Teil 3.14.

Süss, Daniel (2006): Medienkompetenz. In: Bentele, Günter / Brosius, Hans-Bernd / Jarren, Otfried (Hrsg.) (2006): Lexikon Kommunikations- und Medienwissenschaft. Wiesbaden. Verlag für Sozialwissenschaften. S. 174 – 175.

Szyszka, Peter (2004): Integrierte Kommunikation als Kommunikationsmanagement. Positionen – Probleme – Perspektiven. In: Bentele, Günter / Piwinger, Manfred / Schönborn, Gregor (Hrsg.) (2001 ff.): Kommunikationsmanagement. Loseblattsammlung. Neuwied-Kriftel. Luchterhand. Teil 2.15.

Tenscher, Jens / Neumann-Braun, Klaus (2005): Infotainment. In: Roesler, Alexander / Stiegler, Bernd (Hrsg.) (2005): Grundbegriffe der Medientheorie. Paderborn. Wilhelm Fink Verlag. S. 106 – 109.

Thimm, Caja (Hrsg.) (2002): Unternehmenskommunikation offline / online. Wandelprozesse interner und externer Kommunikation durch neue Medien. Bonner Beiträge zur Medienwissenschaft. Band 1. Frankfurt am Main. Peter Lang Verlag.

Thommen, Jean-Paul (2004): Glaubwürdigkeit des Unternehmens. In: Wachtel, Stefan / u. a. (Hrsg.) (2004): Corporate Speaking. Auftritte des Spitzenmanagements. Positioning – Executive Coaching – Dresscode. Frankfurt am Main. InnoVatio Verlag. S. 19 – 25.

Träm, Michael (2002): Unternehmen im Wandel: Vom Produzenten zum Kommunikator. In: Kirf, Bodo / Rolke, Lothar (Hrsg.) (2002): Der Stakeholder-Kompass. Navigationsinstrument für die Unternehmenskommunikation. Frankfurt am Main. FAZ-Institut. S. 46 – 54.

Trummer, Dietmar (2006): Erste Studie in Österreich: Warum hierzulande der Chef als Kapital gilt. In: Hochegger Research (Hrsg.) / Gaines-Ross, Leslie (2006): Der Chef als Kapital. CEO Reputation Management. So erhöhen Führungskräfte den Unternehmenswert. Wien. Linde Verlag. S. 11 – 26.

124

Wachtel, Stefan (1998): Sprechen und Moderieren in Hörfunk und Fernsehen. Reihe praktischer Journalismus. Band 23. Konstanz. UVK Medien. 3. Auflage.

Wachtel, Stefan (1999): Überzeugen vor Mikrofon und Kamera: was Manager wissen müssen. Frankfurt am Main. Campus Verlag.

Wachtel, Stefan (2003): Corporate Speaking. CEO-Kommunikation und rhetorische Kompetenz. In: Deekeling, Egbert / Barghop, Dirk (Hrsg.) (2003): Kommunikation im Corporate Change: Maßstäbe für eine neue Managementpraxis. Wiesbaden. Gabler Verlag. S. 65 – 83.

Wachtel, Stefan (2004a): Was ist Corporate Speaking? In: Wachtel, Stefan / u. a. (Hrsg.) (2004): Corporate Speaking. Auftritte des Spitzenmanagements. Positioning – Executive Coaching – Dresscode. Frankfurt am Main. InnoVatio Verlag. S. 9 – 18.

Wachtel, Stefan (2004b): Wirtschaftsrhetorik. In: Wachtel, Stefan / u. a. (Hrsg.) (2004): Corporate Speaking. Auftritte des Spitzenmanagements. Positioning – Executive Coaching – Dresscode. Frankfurt am Main. InnoVatio Verlag. S. 71 – 79.

Wachtel, Stefan (2005): Kommentar: Auftritte von Spitzenmanagern – Das große Schweigen. Medientenor Forschungsbericht Nr. 150. S. 54 – S. 55.

Wachtel, Stefan / u. a. (Hrsg.) (2004): Corporate Speaking. Auftritte des Spitzenmanagements. Positioning – Executive Coaching – Dresscode. Frankfurt am Main. InnoVatio Verlag.

Werner, Guido (2004): Handwerk Fotos in Geschäftsbericht und Presse. In: Wachtel, Stefan / u. a. (Hrsg.) (2002): Corporate Speaking. Auftritte des Spitzenmanagements. Positioning – Executive Coaching – Dresscode. Frankfurt am Main. InnoVatio Verlag. S. 152 – 158.

Wolff, Volker (1999): Medienwirklichkeit im Wandel – einige Schlaglichter. In: Rolke, Lothar / Wolff, Volker (Hrsg.) (1999): Wie die Medien die Wirklichkeit steuern und selber gesteuert werden. Wiesbaden. Westdeutscher Verlag. S. 23 – 34.

Wolff, Volker (2003): Herausforderungen – wie Journalisten in der Medienkrise Kurs halten. In: Rolke, Lothar / Wolff, Volker (Hrsg.) (2003): Die Meinungsmacher in der Mediengesellschaft. Deutschlands Kommunikationseliten aus der Innensicht. Wiesbaden. Westdeutscher Verlag. S. 137 – 144.

Zerfaß, Ansgar (1996): Dialogkommunikation und strategische Unternehmensführung. In: Bentele, Günter / Steinmann, Horst / Zerfaß, Ansgar (Hrsg.) (1996): Dialogorientierte Unternehmenskommunikation. Grundlagen – Praxiserfahrungen – Perspektiven. Serie Öffentlichkeitsarbeit / Public Relations und Kommunikationsmanagement. Band 4. Berlin. Vistas Verlag. S. 23 – 58.

Zerfaß, Ansgar / Sandhu, Swaran (2005): Virtuelle Authentizität. Die Nutzung von Weblogs als Kommunikationsinstrument für das Top-Management. DGPuK Fachgruppentagung: Organisationskommunikation im digitalen Zeitalter. Verfügbar unter: http://www.ikp.uni-bonn.de/ZfKM/dgpuk/2005_DGPuK_Bonn_Weblogs_Zerfass_Sandhu_final.pdf (02.04.2006).

Zucha, Rudolf O. (2000): Führungsstärke oder Charisma? In: Zucha, Rudolf O. / Schlick, Sigrun D. (Hrsg.) (2000): Führungsstärke oder Charisma? Frankfurt am Main. Peter Lang Verlag. S. 9 – 20.

Zucha, Rudolf O. / Schlick, Sigrun D. (Hrsg.) (2000): Führungsstärke oder Charisma? Frankfurt am Main. Peter Lang Verlag.

Anhangverzeichnis

Anhang I: Glossar

Image	Das Image eines Unternehmens ist eine Kombination der Werte, Meinungen und Einstellungen, die eine Person oder eine Gruppe von einer Sache, einem Menschen oder einer Organisation hat.

Vgl. Fill (2001), S. 615.

In diesem Sinne bezieht sich der Image-Begriff auf das ganzheitliche Erleben einer Marke, eines Unternehmens oder einer Person.

Vgl. Haedrich (1993), S. 251. |
| Immaterielle Vermögenswerte | Immaterielle Vermögenswerte sind Determinanten des Marktwertes eines Unternehmens. Dazu zählen Humankapital, Strukturkapital wie Markenimage oder intellektuelle Eigentumsrechte wie Patente. Sie sind deshalb als wirtschaftliche Vorteile zu begreifen.

Vgl. Bentele / Buchele / Hoepfner / Liebert (2003), S. 18. |
| Kommunikation | Der Kommunikationsbegriff umfasst die Übermittlung von Informationen und Bedeutungsinhalten mit dem Ziel Meinungen, Einstellungen, Verhaltensweisen und Erwartungen bestimmter Adressaten bezüglich der eigenen Zielsetzungen zu steuern.

Vgl. Bruhn (1997), S. 1. |
| Kommunikationsmaßnahmen | Kommunikationsmaßnahmen sind alle Aktivitäten, die von einem kommunikationstreibenden Unternehmen bewusst eingesetzt werden, um die kommunikative Zielsetzung zu erreichen wie z. B. Anzeigen, Werbebriefe, Messen oder Presseinformationen.

Vgl. Bruhn (1997), S. 3. |

128

Massenmedien	siehe Medien

Materielle Vermögenswerte	Zu den materiellen Vermögenswerten gehören Werte mit körperlicher Substanz wie z. B. Maschinen und Gebäude sowie Umlauf- und Anlagevermögen.

Vgl. Bentele / Buchele / Hoepfner / Liebert (2003), S. 18.

Medien	Der Begriff Medien wurde aus dem lateinischen Wort „medium" (= das Mittlere, Mittel, Vermittler) abgeleitet. Er bezeichnet die Kommunikationsmedien und wird auch als Sammelbegriff für die verschiedenen aktuellen Massenmedien verwendet. Als Massenmedien werden die Medien der öffentlichen Kommunikation bezeichnet.

Vgl. Beck (2006), S. 165.

Nachrichtenfaktor	Ein Thema / Ereignis hat hohen Nachrichtenwert, wenn es verschiedene Nachrichtenfaktoren aufweisen kann, wie z. B. Personalisierung, Prominenz oder Negativismus etc. Nachrichtenfaktoren sind Merkmale eines Themas / Ereignis, die darüber bestimmen, ob es in den Medien zur Nachricht werden kann.

Vgl. Kepplinger (1998), S. 19 ff.

Öffentlichkeitsarbeit	siehe Public Relations

Public Relations (PR)	Public Relations bezeichnet die Gestaltung der Beziehungen, die ein Unternehmen, eine Person oder ein Verband mit Hilfe kommunikativer Maßnahmen zur Öffentlichkeit oder zu Teilöffentlichkeiten unterhält.

Vgl. Merten (1999), S. 257.

Reputation	Reputation ist eine kollektive, rationale und emotionale, Bewertung aller Teilöffentlichkeiten zur allgemeinen Unternehmenstätigkeit. Vgl. Bazil (2001), S. 2.
Stakeholder	Stakeholder sind alle Personen oder Anspruchsgruppen, die von Entscheidungen eines Unternehmens betroffen sind oder durch ihr Handeln das Unternehmen beeinflussen können. Vgl. Mast (2002), S. 108.
Unternehmens-Kommunikation	Unternehmenskommunikation bezeichnet die Gesamtheit aller Kommunikationsinstrumente und –maßnahmen, die eingesetzt werden, um das Unternehmen und seine Leistungen den Zielgruppen darzustellen. Vgl. Bruhn (1997), S. 2.
Zielgruppen	Zielgruppen sind Adressaten der PR- und Werbeaktivitäten, die nach strategischen und taktischen Gesichtspunkten ausgewählt und angesprochen werden z. B. durch Publicity oder Dialog. Vgl. Avenarius (2000), S. 180.

Anhang II: Korrelation zwischen CEO-Image und Unternehmensimage

Eine Vergleichsstellung des Korrelationskoeffizienten zwischen CEO-Image und Unternehmensimage aus dem Jahr 2004 (Abb. 45) und aus dem Jahr 2006 (Abb. 46) lässt einen minimalen Rückgang der Korrelation von 0,69 auf 0,64 erkennen. Die Gegenüberstellung der Untersuchungen zur Korrelation aus den beiden Jahren ist jedoch auch ein Indiz dafür, dass tatsächlich ein dauerhafter statistischer Zusammenhang zwischen den Reputationswerten vorliegt. Die Untersuchungsergebnisse liegen zwei Jahre auseinander. Es sind teilweise auch nicht die gleichen Unternehmen und CEOs in den Rankings vertreten. Trotzdem ist der Korrelationskoeffizient in beiden Jahren sehr hoch.

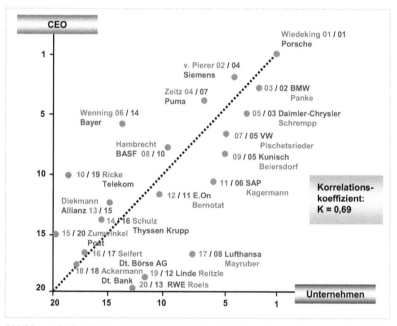

Abbildung 45: Korrelation zwischen CEO-Image und Unternehmensimage im Jahr 2004
Quelle: Eigene Darstellung, nach Rolke (2005), S. 35.

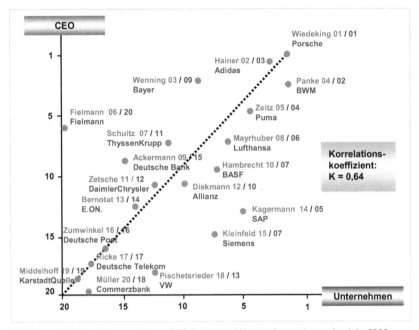

Abbildung 46: Korrelation zwischen CEO-Image und Unternehmensimage im Jahr 2006

Quelle: Eigene Darstellung, nach Manager Magazin (2006a), S. 82 ff. und Manager Magazin (2006b), S. 154 ff.

Wenn bei der Berechnung des Korrelationskoeffizienten aus dem Jahr 2006 ein Ausreißer wie das Unternehmen Fielmann bei der Berechnung des Korrelationskoeffizienten ignoriert wird, ergibt sich ein Korrelationskoeffizient von 0,78. Es könnte also durchaus sein, dass die Korrelation zwischen den beiden Reputationswerten ansteigt.

Pressestimmen zur CEO-Studie

Die Menschen wollen die Gesichter der Wirtschaft sehen, PR-Journal, 05.07.2007
„Wie Unternehmens-Chefs in der Öffentlichkeit auftreten, wird heute intensiv von PR-Profis geplant: Mehr als die Hälfte der Vorstandsvorsitzenden folgen einem speziellen Kommunikationsplan, um bei Kunden und Mitarbeiten, Medien und Investoren zu überzeugen. Zu diesem Ergebnis kommt die aktuelle Studie zur Chef-Kommunikation von Lothar Rolke und Melanie Freda von der Fachhochschule Mainz. Repräsentativ befragt wurden die 500 größten Unternehmen in Deutschland."

Gefragt sind Kommunikationskünstler, CP Wissen, 11.07.2007
„Die Kommunikation des Chefs muss auf das Unternehmensimage einzahlen, verraten Prof. Dr. Lothar Rolke und Melanie Freda von der FH Mainz der Kommunikations-Community in ihrer jüngsten „Studie zur Chefkommunikation" allen, die das so bislang nicht vermutet haben sollten und ergänzen: Visionslose Schweiger haben auf Dauer ebenso wenig eine Chance, Image und damit Orientierung zu geben wie Medienaktionisten, die konzeptlos ihre Botschaften hinausposaunen."

Für die Firma, nicht für den Chef, AM Communications, 06.07.2007
„Gleich ob Geschäftsführer, Vorstandsvorsitzender oder Präsident: Wenn Unternehmenschefs in der Öffentlichkeit auftreten, steckt dahinter fast immer ein klares Konzept, das von PR-Profis ausgearbeitet wurde. Mehr als die Hälfte der deutschen Vorstandsvorsitzenden verfolgt dabei einen kalkulierten Kommunikationsplan, um bei Kunden, Mitarbeitern, Medien und Investoren zu überzeugen. Zu diesem Ergebnis kommt die aktuelle Studie zur Chefkommunikation von Prof. Dr. Lothar Rolke und Melanie Freda von der Fachhochschule Mainz. Repräsentativ befragten sie die 500 größten Unternehmen in Deutschland. Mit ihrer durchgeplanten Kommunikation verfolgen die Firmen den Autoren zufolge vor allem das Ziel, "positive Abstrahleffekte" zu erzeugen und "Themen zu besetzen", über die sich das Unternehmen profilieren könne."

Lightning Source UK Ltd.
Milton Keynes UK
UKHW040655241218
334504UK00001B/64/P